V 2496.
B.

l'atlas est in f° V 353
A.

TRAITÉ
D'ARCHITECTURE

D'APRÈS LES RÈGLES ÉTABLIES

PAR

VIGNOLE ET PALLADIO.

Tout exemplaire qui ne sera pas revêtu de la signature ci-dessous, sera réputé contrefait.

TRAITÉ
DES CINQ ORDRES
D'ARCHITECTURE,

D'APRÈS LES RÈGLES ÉTABLIES

PAR

VIGNOLE ET PALLADIO,

DÉVELOPPÉ PAR UNE MÉTHODE SIMPLE, FACILE ET GRADUÉE,

Par F.. F....

ENRICHI D'UN ATLAS, COMPOSÉ DE 133 PLANCHES,

Lithographié par P. CARLES,

Imprimeur lithographe de la Bibliothèque du Roi.

L'USAGE DES OUVRIERS EMPLOYÉS, SOIT A LA CONSTRUCTION,
SOIT AU DÉCOR, etc., etc.

PARIS,
IMPRIMERIE DE E. MARC-AUREL,
RUE RICHER, 12.

1847.

PRÉFACE DE L'ÉDITEUR.

Plusieurs personnes pourront regarder comme superflu la publication d'un nouveau traité des cinq ordres d'Architecture, car il existe déjà de très bons ouvrages sur cette matière; mais ils ne sont pour la plupart ni aussi élémentaires, ni aussi complets qu'ils pourraient l'être, parce qu'ils supposent, dans les élèves auxquels ils sont destinés, des connaissances déjà avancées en Architecture, d'où il suit qu'ils donnent peu de détails, qu'ils n'expliquent pas suffisamment les principes et qu'ils n'entrent presque jamais dans les développements nécessaires à des commençants.

Frappé de cette lacune et désireux de

la remplir, l'auteur s'est proposé, de faciliter aux élèves l'étude de l'Architecture, par une méthode claire, simple et graduée; de les conduire, en quelque sorte, par la main, des premiers principes à des développements difficiles et raisonnés; de hâter leurs progrès, et de leur aplanir, dans l'exécution, les principales difficultés : tels sont les motifs qui l'ont déterminé à publier ce nouveau traité des cinq ordres d'Architecture, et à l'enrichir d'un atlas, le plus complet et le plus méthodique qui ait paru jusqu'à présent (*nous croyons pouvoir l'avancer*).

Professeur de dessin, dans des écoles d'adultes, il a compris, tout ce qu'il fallait à des commençants, et on peut dire que toutes les méthodes et tous les moyens dont il s'est servi, pour simplifier et abréger le travail du dessinateur, sont le fruit d'une longue expérience dans l'enseignement de cet art.

Il n'a rien négligé pour rendre son ouvrage profitable même aux professeurs, et ce n'est qu'après de nombreuses recherches et un travail assidu de plusieurs années qu'il est parvenu à le terminer.

Quoique principalement destiné aux classes d'adultes et d'apprentis, tenues par les Frères des Écoles Chrétiennes, ce traité pourra être aussi très utile aux ouvriers qui s'occupent d'une manière spéciale du dessin de l'Architecture, et aux personnes qui désirent acquérir quelque connaissance de cet art.

Vignole et Palladio, dont les principes sont les plus suivis, ont toujours été ses guides, et c'est sur les règles qu'ils ont laissées, que l'auteur a basé toutes ses démonstrations.

Pour ne pas s'en rapporter à son propre jugement, surtout lorsqu'il a été question de procédés nouveaux pour le tracé des ordres, il s'est fait un devoir de consulter des architectes distingués et profiter de leurs lumières.

Après avoir donné une idée générale des cinq ordres d'Architecture sur une planche préliminaire, où il en a fait le tracé dans un rapport proportionnel, il l'explique avec autant de clarté que de précision.

Le raccordement des lignes et le tracé des moulures qui jouent un si grand rôle dans le dessin de l'Architecture, sont expliqués également dans deux autres planches préliminaires, d'une manière aussi neuve que satisfaisante.

Les remarques et les notes que l'on trouvera dans le cours de l'ouvrage, seront d'autant plus appréciées qu'on les chercherait inutilement ailleurs.

L'auteur a cru devoir indiquer sur certaines planches, la hauteur métrique d'un membre d'ordre ou d'un ordre entier, afin de faire connaître la hauteur qu'il faut d'abord déterminer pour obtenir le module ; cette marche nouvelle est de son invention : la pratique en fera facilement connaître les avantages.

L'échelle de proportion a été aussi l'objet de plusieurs remarques utiles et ingénieuses. Deux planches intercalées dans le texte, présentent des échelles spéciales pour déterminer les volutes du chapiteau corinthien et du composite : nous ne pensons pas qu'on puisse les trouver autre part; non plus que les échelles pour déterminer le renflement des colonnes cannelées à vive arête et à côtes ; le tracé des volutes corinthiennes; l'explication du tracé de la volute ionique; et l'indication des moyens progressifs par lesquels l'auteur conduit l'élève, du simple au composé, du facile au difficile, des premiers traits de l'ébauche aux ornements les plus compliqués.

Pour donner à cet ouvrage un nouveau degré d'utilité, en facilitant le développement de l'intelligence des élèves, l'auteur l'a enrichi d'exercices, à la fin de l'explication de presque toutes les planches, et d'un certain nombre de problèmes, suivis de leur solution raisonnée.

Enfin il y a mis, pour la commodité des élèves, une table par ordre des planches, et une autre par ordre alphabétique, afin de faciliter et d'abréger les recherches.

Six livraisons forment la division naturelle de ce traité; les quatre premières se composent de 81 planches expliquant les quatre premiers ordres; la cinquième, composée de 20 planches, explique l'ordre composite et l'ordre pœstum, dont l'auteur n'a pas jugé nécessaire de faire une livraison à part.

La sixième livraison présente, dans 33 planches, des façades d'édifices, des parties de bâtiments, etc. Le but de l'auteur, en terminant par là son ouvrage, a été d'exercer les élèves, de former leur goût, de leur donner une idée générale de l'ensemble de la décoration architecturale, et de leur faire remarquer, en même temps, que les règles tracées dans cet ouvrage ne sont pas invariables ; qu'elles sont susceptibles de recevoir des modifications plus ou moins grandes, suivant la destination des édifices, la différence des localités, des climats, etc. L'auteur pense toutefois qu'il est bon de se rapprocher, le plus que l'on peut, des règles que nous ont laissées ces deux grands maîtres.

Il est important de faire remarquer que, dans les planches d'application qui terminent l'atlas, l'auteur a compris quatre projets d'édifices, d'une composition médiocre, afin qu'en les comparant aux compositions qui les précédent, et qui sont autant de chefs-d'œuvre des plus grands maîtres, les élèves apprennent à éviter les défauts qu'ils trouveront dans les uns, et à imiter les beautés qu'ils auront admirées dans les autres.

De concert avec l'auteur, qui a surveillé avec le plus grand soin l'exécution matérielle de cet ouvrage, nous avons apporté l'attention la plus minutieuse à celle des différentes planches qui composent l'atlas. Les témoignages d'approbation qu'ont donné à ce travail nos confrères les plus distingués par leur talent supérieur, en sont une preuve éclatante : nous les avons consignés ci-après.

L'impression du texte a été également soignée : chaque livraison de l'atlas pourra être vendue séparément, mais il n'en sera pas de même du texte qui ne forme qu'un seul volume.

N. B. Quelques erreurs s'étant glissées dans les cotes indiquées sur les planches de la première édition de l'atlas, nous les avons relevées dans un errata placé à la fin de ce livre.

ATTESTATIONS

DONNÉES

PAR LES PREMIERS DESSINATEURS LITHOGRAPHES

DE PARIS,

AU COURS D'ARCHITECTURE,

COMPOSÉ ET DESSINÉ

PAR LE FRÈRE FRUCTULE,

ET LITHOGRAPHIÉ

PAR P. CARLES.

Mon cher Monsieur Carles,

Après l'avoir examiné avec toute l'attention que mérite un travail de plusieurs années, j'ai résumé mon avis sur votre ouvrage en ces quelques lignes.

L'exécution, la pureté et l'exactitude des détails ont été traitées avec la plus grande supériorité lithographique, et vous y avez ajouté un mérite de plus, celui d'avoir conservé la même force d'exécution, du commencement à la fin.

Aussi je suis heureux pour l'honneur de notre

art, de ce que la Lithographie possède maintenant un travail assez sérieusement traité pour rivaliser, comme exécution, avec les meilleurs gravures en ce genre.

Voilà, mon cher Monsieur Carles, l'approbation franche et sincère que mérite une œuvre aussi consciencieusement faite.

Recevez mes félicitations et croyez que je suis, avec considération, votre ami tout dévoué,

Signé : Colette.

Paris, 3 novembre 1846.

Monsieur,

C'est avec un plaisir extrême que j'ai parcouru l'Atlas des Ordres d'Architecture que vous m'avez fait l'honneur de m'envoyer. A une grande exactitude de dessin, vous avez joint une finesse et surtout une pureté d'exécution qui égale, à s'y méprendre, la gravure sur acier, et qui ne manquera pas d'assurer un grand succès à votre ouvrage.

Agréez, Monsieur, l'assurance de ma considération très distinguée,

Signé : Henri Valter.

Paris, 6 novembre 1846.

Monsieur,

Je m'empresse de vous féliciter sur l'ouvrage que vous avez soumis à mon axamen, c'est le seul en ce genre qui réunisse la finesse et la pureté du trait, tout en conservant le caractère de l'ornementation ; c'est assurémeut ce que la Lithographie a produit jusqu'ici de plus beau en ce genre, et ce que tous les artistes et les hommes de bon goût, se plairont à reconnaître.

Recevez, Monsieur, l'expression de mes sentiments distingués,

Signé : R. Jope.

Paris, 5 novembre 1846.

Monsieur Carles,

Ayant examiné avec attention l'Atlas que vous m'avez confié, et apprécié en détail les grandes difficultés qu'il contient, je déclare, avec franchise et impartialité, que ce long travail est digne de tous les éloges, tant pour la pureté des lignes que pour la finesse et la fermeté des ornements divers, qui ne cèdent en rien aux travaux de ce genre, gravés par les meilleurs artistes.

Un ouvrage tel que celui-ci prouve, d'une manière éclatante, ce que peut la Lithographie, et tout ami de son pays doit être fier de voir que le tire-ligne et la plume, habilement conduits, peuvent donner des effets aussi doux et aussi saillants que le burin.

Agréez, Monsieur, l'expression de mon estime et croyez-moi votre tout dévoué,

Signé : L. Vairon.

Paris, 5 novembre 1846.

MONSIEUR,

J'ai examiné attentivement l'ouvrage sur l'Architecture que vous avez exécuté ; je vous prie d'agréer à ce sujet mes sincères félicitations : sous le point de vue artistique, il mérite, à tous égards, le succès auquel je le crois destiné.

Vous avez su, par l'heureuse combinaison des planches, allier l'élégance des motifs à la facilité d'étude nécessaire, pour le but que vous vous proposez en publiant ce travail.

Il se fait principalement remarquer par la pureté du style et par la parfaite exécution lithographique, chose assez rare dans les publications du même genre qui ont été faites jusqu'à ce jour.

Agréez, Monsieur, l'assurance de ma considération distinguée.

Signé : G. BLANKE.

Paris, 4 janvier 1847.

TABLE DES MATIÈRES.

PLANCHES préliminaires.		Pages.
	Définitions préliminaires.	1
1re	Tracé des ordres dans un rapport proportionnel.	8
	Principes généraux pour le tracé des ordres.	12
2me	Du raccordement des lignes.	19
	Des moulures en général.	23
	Des moulures en particulier.	25
3me	Tracé des moulures.	29
	Remarques très importantes.	29
	DES ORDRES EN GÉNÉRAL	33
	ORDRE TOSCAN EN GÉNÉRAL.	36
PLANCHES.	ORDRE TOSCAN SELON VIGNOLE.	38
1	Piédestal et base de la colonne de l'ordre toscan.	38

TABLE DES MATIÈRES.

PLANCHES		Pages.
	Échelle de proportion appliquée aux ordres.	42
	Méthode pratique pour faire le tracé de la planche 1re.	45
2	Entablement et chapiteau de la colonne de l'ordre toscan.	51
	Méthode pratique pour faire le tracé de la planche 2me.	55
3 et 4	Divers détails et coupes.	60
5	Fronton vu de face, de profil et sur la coupe D G.	61
6	Renflement des colonnes.	64
7	Entre-colonnement surmonté d'un fronton.	66
8	Entre-colonnement avec portique sans piédestal.	71
9	Entre-colonnement avec portique et piédestal.	76
	ORDRE TOSCAN SELON PALLADIO.	79
10	Base, chapiteau et entablement.	81
11	Entre-colonnement.	85
11 bis	Entre-colonnement avec portique et socle.	88
	DE L'ORDRE DORIQUE EN GÉNÉRAL.	91
	ORDRE DORIQUE SELON VIGNOLE.	96
12	Piédestal et base de la colonne de l'ordre dorique.	98
13	Entablement et chapiteau de l'ordre dorique mutulaire.	102
14	Entablement et chapiteau de l'ordre dorique denticulaire.	106
15	Divers détails.	109
16	Coupe et détails de l'entablement mutulaire.	110
17	Coupe et détails de l'entablement denticu-	

PLANCHES.		Pages.
	laire.............................	113
18	Détails du chapiteau de la planche 14me.	115
19	Détails des rosaces des planches 13me et 14me.	119
20	Fronton vu de face, de profil sur la coupe D G.	120
21	Échelle pour déterminer le renflement des colonnes cannelées à vive arête......	122
22	Échelle pour déterminer le renflement des colonnes cannelées à côtes.........	126
23	Autre manière de déterminer le renflement des colonnes cannelées...........	129
24	Entre-colonnement................	131
25	Entre-colonnement avec portique sans piédestal.....................	134
26	Entre-colonnement avec portique et piédestal.....................	137
	ORDRE DORIQUE SELON PALLADIO.......	140
27	Piédestal et base de la colonne de l'ordre dorique...................	140
28	Entablement et chapiteau...........	143
29	Entre-colonnement................	145
30	Entre-colonnement avec portique et piédestal.....................	148
	DE L'ORDRE IONIQUE EN GÉNÉRAL.......	151
	ORDRE IONIQUE SELON VIGNOLE........	154
31	Piédestal et base de la colonne de l'ordre ionique...................	155
32	Entablement et chapiteau de la colonne ionique...................	159
33 et 34	Divers détails et coupes..........	163
35	Détails de l'entablement de la planche 32me.	164
36	Détails de la volute ionique.........	166
37	Détails du chapiteau de la planche 32me.	172

TABLE DES MATIÈRES.

PLANCHES.		Pages.
38	Profil et coupe du chapiteau de la planche 32me	174
39	Fronton vu de face, de profil et sur la coupe D G.	175
40	Entre-colonnement.	176
41	Entre-colonnement avec portique sans piédestal.	179
42	Entre-colonnement avec portique et piédestal.	182
	ORDRE IONIQUE SELON PALLADIO.	186
43	Piédestal et base de la colonne.	187
44	Entablement et chapiteau.	191
45	Détails du chapiteau de la planche 44me.	195
46	Entre-colonnement.	196
47	Entre-colonnement avec portique et piédestal.	199
	DE L'ORDRE CORINTHIEN EN GÉNÉRAL.	203
	ORDRE CORINTHIEN SELON VIGNOLE.	206
48	Piédestal et base de la colonne corinthienne.	207
49	Entablement et chapiteau.	211
50	Entablement et chapiteau.	215
51 et 52	Divers détails et coupes.	217
53 à 58	Détails du chapiteau de la planche 49me (n° 1 à 6).	218
59	Chapiteau vu d'angle.	224
60	Coupe du chapiteau.	225
61 à 64	Détails du chapiteau de la planche 64me (n° 1 à 3), et Chapiteau corinthien sur une grande échelle	226
65	Détails de la grande volute corinthienne.	228

PLANCHES.		Pages
66	Détails de la petite volute corinthienne. . . .	231
67	Détails de l'entablement de la planche 49me et du piédestal de la planche 48me.	234
68	Détails de la planche 50me.	236
69	Fronton vu de face, de profil et sur la coupe D G.	238
70	Entre-colonnement.	239
71	Entre-colonnement avec portique sans piédestal.	243
72	Entre-colonnement avec portique et piédestal.	246
	ORDRE CORINTHIEN SELON PALLADIO.	250
	Principes généraux pour le tracé de l'ordre corinthien et de l'ordre composite, selon Palladio.	250
73	Piédestal et base de la colonne.	254
74	Entablement et chapiteau.	258
75	Détails des planches 73 et 74.	262
76	Entre-colonnement.	263
77	Entre-colonnement avec portique et piédestal.	266
	DE L'ORDRE COMPOSITE EN GÉNÉRAL.	270
	ORDRE COMPOSITE SELON VIGNOLE.	271
78	Piédestal et base de la colonne composite . .	272
79	Entablement et chapiteau.	275
80 et 81	Divers détails et coupes des pl. 78 et 79. . .	278
82	Détails des volutes de la planche 84me. . . .	279
83 et 84	Détails du chapiteau de la planche 84me et chapiteau composite sur une grande échelle.	282

PLANCHES.		Pages.
85	Fronton vu de face, de profil et sur la coupe D G.	286
86	Entre-colonnement.	287
87	Entre-colonnement avec portique sans piédestal.	289
88	Entre-colonnement avec portique et piédestal.	291
	ORDRE COMPOSITE SELON PALLADIO.	293
89	Piédestal et base de la colonne.	295
90	Entablement du chapiteau.	298
91	Détails du chapiteau de la planche 90me.	301
92	Entre-colonnement.	302
93	Entre-colonnement avec portique et piédestal.	304
	ORDRE POESTUM.	306
94	Entablement et chapiteau.	307
95	Chapiteau et base de la colonne.	310
96	Coupe de l'entablement et du chapiteau.	311
97	Entre-colonnement.	312
98	Proportions générales des croisées et des portes.	313
99	Proportions générales des arcades.	327

FIN DE LA TABLE.

TABLE ALPHABÉTIQUE.

A

	Pages.
Ante (note).	311
Arcades (leurs proportions).	327
Architecture (sa définition).	1

B

Baguette.	26

Selon Palladio.

Base, chapiteau et entablement.	81

C

Callimaque (note).	203
Campane (note).	249
Caractère de l'ordre toscan.	33
— — dorique.	34
— — ionique.	34
— — corinthien.	34
— — composite.	34
Cavet.	27
Chambranle.	314
Chapiteau et base de la colonne Pœstum.	310

TABLE ALPHABÉTIQUE. XXI

Pages.

Colonne (quel rang elle occupe dans un ordre). 2
— toscane (sa hauteur). 3
— dorique — 3
— ionique — 3
— corinthienne — 3
— composite — 4
Congé. 26
Composite (ordre en général). 270
Corinthien (ordre en général). 203
Culot (note). 165
Croisées (leurs proportions). 313
Croisée en demi-cintre. . . . . ; 313
— circulaire. 314
— carrée. . . . . , . . 314
— rectangulaire. 314

Selon Vignole.

Chapiteau et entablement de la colonne toscane. . . . 51
— — dorique mutulaire. 102
— — — denticulaire. 106
— — corinthienne. . . . 211 et 215
— — composite. 275
Composite (ordre). 271
Conséquences des principes généraux pour le tracé des
 ordres. 12
Corinthien (ordre). 206

Coupe et détails de l'entablement mutulaire. 110
— — de l'entablement denticulaire. 113

Selon Palladio.

Chapiteau, entablement et base toscane. 81
Chapiteau et entablement dorique. 143
— — ionique. 191
— — corinthien (ordre). 250
— — composite (ordre). 293

D

Définitions préliminaires. 1
Denticules (note). 92
Dimensions (note). 29
Dorique (ordre en général). 91
Doucine ordinaire. 27
— plate. 27

Selon Vignole.

Denticulaire (entablement et chapiteau). 106
Dorique (ordre). 96
Détails de la volute ionique. 166
— du chapiteau — 172
— — corinthien. 218
— de la grande volute corinthienne. 228
— petite — 231

Selon Palladio.

	Pages.
Dorique (ordre)................	140

E

Echelle de proportion appliquée aux ordres.......	42
— pour déterminer le renflement des colonnes cannelées à vive arête............	122
— — à côtes..............	126
— pour tracer les volutes corinthiennes.....	220
— — composites.......	283
Entablement et chapiteau Pœstum...........	307
Entre-colonnement. —	312

Selon Vignole.

Entablement et chapiteau de la colonne toscane.....	54
— — dorique mutulaire.......	102
— — — denticulaire.....	106
— — ionique............	159
— — corinthien....... 211 et	215
— — composite...........	275
Entre-colonnement toscan surmonté d'un fronton...	66
— — dorique. —	131
— — ionique. —	176
— — corinthien. —	239
— — composite. —	287

Entre-colonnement toscan avec portique sans piédestal. 71
— dorique — 134
— ionique — 179
— corinthien — 243
— composite — 289
Entre-colonnement toscan avec portique et piédestal. . 76
— dorique — 137
— ionique — 182
— corinthien — 246
— composite — 291

Selon Palladio.

Entablement, chapiteau et base.... toscan..... 81
Entablement et chapiteau dorique........ 143
— — ionique........ 191
— — corinthien...... 258
— — composite...... 298
Entre-colonnement toscan.............. 85
— dorique............... 145
— ionique............... 196
— corinthien............. 263
— composite............. 302
Entre-colonnement toscan avec portique et socle. ... 88
— dorique avec portique et piédestal. 148
— ionique — 199
— corinthien — 266
— composite — 304

F

Fronton (sa définition)................ 61

Selon Vignole.

	Pages.
Fronton toscan, vu de face, de profil et sur la coupe D G. .	61
— dorique —	120
— ionique —	175
— corinthien —	238
— composite —	286

G

Gouttes (ce quelles représentent)	92
Gorge	26

H

Hauteur des ordres en modules (exemple).	5
— métrique (son usage).	31

I

Ionique (ordre en général)	151
— — selon Vignole.	154
— — — Palladio.	186

L

Larmier	25
— (note).	161
Lignes (raccordement des)	19
Listel.	25

M

Manière (autre) de déterminer le renflement des colonnes cannelées	129

XXVI TABLE ALPHABÉTIQUE.

Pages.

Méthode pratique pour faire le tracé de la planche 1re. . 45
— — de la planche 2me . 55
— pour faire le tracé des ordres dans un rapport proportionnel 8
— pour tracer les volutes corinthiennes. 220
— — composite. . . 283
Métopes (ce qu'ils représentent). 93
Métrique (hauteur) (son usage). 31
Mezzanine (signification de ce mot) 314
Moulures en général. 23
— droites 23
— circulaires 23
— composées. 24
— en particulier. 25
— (tracé des) 29
Module (ce que c'est) 3
Mutulaire (entablement et chapitau) 102
Mutules (note). 92

N

Nu du piédestal 30
— de la colonne 30
— de l'entablement. 30

O

OEil de bœuf. 314
Olives (note). 164
Ordre (définition de ce mot). 1
— (ses parties essentielles). 2
— (quand est-il complet). 2
Ordres (tracé des) dans un rapport proportionnel. . . 8

	Pages.
Ordres en général.	33
— toscan en général.	36
— dorique —	91
— ionique —	151
— corinthien —	203
— composite —	270
— pœstum —	306
Origine de l'ordre toscan.	36
— dorique.	91
— ionique.	151
— corinthien.	203
— pœstum.	306
Oves (note).	117

Selon Vignole.

Ordre toscan.	38
— dorique —	96
— ionique —	154
— corinthien —	206
— composite —	271

Selon Palladio.

Ordre toscan.	79
— dorique —	140
— ionique —	186
— corinthien —	250
— composite —	293

P

	Pages.
Palladio (note)	79
Partie prismatique	30
— Cylindrique	30
Parties essentielles d'un ordre	2
Plate-bande	26
Plinthe	26
Pœstum (note)	306
Pola (note)	83
Proportion entre le 1/4 et le 1/5	317
Proportions générales des croisées et des portes	313
— — des arcades	327

Selon Vignole.

Piédestal et base de la colonne toscane	38
— — dorique	98
— — ionique	155
— — corinthienne	207
— — composite	272
Portique toscan sans piédestal	71
— dorique —	134
— ionique —	179
— corinthien —	243
— composite —	289
Portique toscan avec piédestal	76
— dorique —	137
— ionique —	182
— corinthien —	246
— composite —	291
Principes généraux pour le tracé des ordres	12

TABLE ALPHABÉTIQUE.

Proportion du piédestal, de la colonne et de l'entablement. 4

Selon Palladio.

Piédestal et base de la colonne dorique. 140
— ionique. 187
— corinthienne. 254
— composite. 295
Portique toscan avec socle. 88
Portique dorique avec piédestal 148
— ionique — 199
— corinthien — 266
— composite — 304
Principes généraux pour le tracé des ordres corinthien et composite. 250

Q

Quart-de-rond (ordinaire). 26
— (plat). 26

R

Raccordement des lignes. 19
Rais de cœur (note). 116
Raison du tracé de la volute ionique. 168
Remarques très importantes. 29
Renflement des colonnes. 64
— des colonnes cannelées à vive arête (échelle pour le). 122

	Pages.
Renflement des colonnes cannelées à côte (échelle pour le).	126
— — (autre manière pour déterminer le).	129
Rinceau (note).	165

S

Section perpendiculaire (note).	52
Scotie ordinaire.	27
— allongée.	27

T

Tableau de réduction du diamètre supérieur des colonnes.	4
— pour le renflement des colonnes.	65
— pour les fûts isolés.	65
Talon ordinaire.	27
— plat.	27
Tige de rinceau (note).	165
Thermes (note).	151
Tore.	26
Toscan (ordre en général).	36
Tracé des moulures.	29
— de la volute ionique.	166
— grande volute corinthienne.	228
— petite volute corinthienne.	234
Triglyphes (ce qu'ils représentent).	93
Type (ce que signifie ce mot).	2

Selon Vignole.

	Pages.
Toscan (ordre)...................................	38
Tracé des ordres dans un rapport proportionnel....	8
— — (principes généraux pour le).....	12
— de la planche 1re (méthode pratique pour le)...	45
— de la planche 2me (méthode pratique —)...	55
Toscan (ordre selon Palladio)..............	79

U

Usage de l'échelle de proportion.............	47
— l'échelle pour le renflement des colonnes cannelées à vive arête........	123
— — cannelées à côtes............	127
— — — pour déterminer les volutes corinthiennes.....	220
— — — les volutes composites...	284

V

Vérone (note)........................	83
Vignole (note)........................	3
Vitruve (note)........................	67
Volute ionique (méthode pour tracer la)........	166
— corinthienne (— — — grande)...	228
— — (— — — petite)....	231
— composite (méthode pour tracer la)......	279
— vue de face........................	61
— — de profil........................	62

FIN DE LA TABLE ALPHABÉTIQUE.

EXPLICATION DES SIGNES

ET DES ABRÉVIATIONS EMPLOYÉS DANS CET OUVRAGE.

Signes.	Valeur.
+	plus.
—	moins.
×	multiplié par.
:	divisé par.
=	égale.
m.	mètre.
c.	centimètre.
mod.	module.
min.	minute.

DÉFINITIONS
PRÉLIMINAIRES.

1. L'architecture est l'art de bâtir. Prise dans un sens plus restreint, elle peut être définie, l'art d'inventer et de construire les édifices avec goût, ordre et solidité.

2. Les divers ornements employés en architecture, pour la décoration des édifices, sont divisés en cinq classes qu'on appelle ordres, savoir : le toscan, le dorique, l'ionique, le corinthien et le composite (*a*).

(*a*) Ce mot ordre, en termes d'Architecture, se dit de l'ensemble des divers ornements, de la mesure et des proportions des colonnes, des pilastres, etc., qui soutiennent ou décorent les grands édifices.

3. Les parties essentielles de chaque ordre sont la colonne et l'entablement.

4. Un ordre est complet lorsqu'il se compose de ses trois parties principales, qui sont : le *piédestal*, la *colonne* et l'*entablement*. Chacune de ces parties reçoit le nom de membre.

5. Dans un ordre quelconque, chaque membre se divise en trois parties, qui sont : pour le piédestal, la *base*, le *socle* et la *corniche* ; pour la colonne, la *base*, le *fût* et le *chapiteau* ; pour l'entablement, l'*architrave*, la *frise* et la *corniche*.

6. Chacune de ces parties se subdivise en un nombre plus ou moins grand de divisions qu'on nomme *moulures*.

7. La colonne est le membre le plus important d'un ordre : c'est ce qui le caractérise. Chaque ordre a un type distinctif, la colonne qui en dépend doit également avoir ses proportions particulières (*a*).

(*a*) Ce mot type veut dire *modèle original*.

8. D'après les principes établis par Vignole (*a*), on appelle module le demi-diamètre inférieur du fût de chaque colonne. On le divise en 12 parties égales, pour l'ordre toscan et pour le dorique ; et en 18, pour l'ionique, le corinthien et le composite ; dans l'un et l'autre cas, ces parties égales s'appellent *minutes*.

9. La hauteur de la colonne toscane est de 14 modules, ou 7 diamètres.

10. La hauteur de la colonne dorique est de 16 modules, ou 8 diamètres.

11. La hauteur de la colonne ionique est de 18 modules, ou 9 diamètres.

12. La hauteur de la colonne corinthienne est de 20 modules, ou 10 diamètres.

(*a*) Vignole (Jacques Barozzio dit), architecte, né à Vignola, en 1507, mort en 1573, étudia longtemps à Rome, passa deux ans en France, puis revint en Italie, où il éleva plusieurs édifices remarquables, à Bologne, à Parme, à Rome et à Pérouse ; on lui doit le plan de l'Escurial, et même, dit-on, celui du château de Chambord. Mais sa principale gloire est d'avoir, pour ainsi dire, fixé les règles des cinq ordres, dans l'excellent traité qu'il publia, et qui fait autorité parmi les architectes.

13. La hauteur de la colonne composite est aussi de 20 modules, ou 10 diamètres.

14. Il est à remarquer que le diamètre supérieur des colonnes est toujours moindre que le diamètre inférieur, soit que les colonnes soient renflées, soit qu'on les ait simplement diminuées ; cette réduction de diamètre est soumise aux règles suivantes : pour le toscan, elle est de 5 minutes ; pour le dorique, de 4 minutes ; et pour les autres ordres, de 6 minutes ; comme on le voit dans le tableau suivant :

$$\text{Réduction de chaque côté de l'axe} \begin{cases} \text{toscan} \dots 2^{mi} 1/2 \times 2 = 5^{mi} \\ \text{dorique} \dots 2^{mi} \times 2 = 4^{mi} \\ \text{ionique} \dots \\ \text{corinthien} \\ \text{composite} \end{cases} \begin{matrix} \\ \text{ôtées de 2} \\ \text{mod. : reste} \end{matrix} \begin{cases} 1^{mod} 7^{mi} \\ 1^{mod} 8^{mi} \\ \\ 1^{mod} 12^{mi} \end{cases} \text{pour le diam. supérieur.}$$

15. Dans un ordre quelconque, le piédestal doit toujours être le tiers de la hauteur de la colonne, et l'entablement, le quart de cette même hauteur (*a*).

(*a*) Cette dernière règle, ainsi que la division du module, ne doit être entendue que des ordres exécutés selon les principes de Vignole ; car Palladio adopte des règles et une division différentes, que nous indiquerons en expliquant les ordres selon cet architecte.

16. D'après ce principe, pour avoir la hauteur totale de l'ordre complet, il faut ajouter à la hauteur de la colonne le tiers, puis le quart du nombre de modules qu'elle contient.

Exemple.

1° Hauteur de la colonne toscane....	14 modules.
Pour le piédestal le ¹/₃ ⎫ de 14 =	4 modules 8 min.
Pour l'entablement le ¹/₄ ⎭	3 modules 6 min.
Hauteur totale de l'ordre toscan complet............	22 modules 2 min.
2° Hauteur de la colonne dorique...	16 modules.
Pour le piédestal le ¹/₃ ⎫ de 16 =	5 modules 4 min.
Pour l'entablement le ¹/₄ ⎭	4 modules
Hauteur totale de l'ordre dorique complet............	25 modules 4 min.
3° Hauteur de la colonne ionique...	18 modules.
Pour le piédestal le ¹/₃ ⎫ de 18 =	6 modules.
Pour l'entablement le ¹/₄ ⎭	4 modules 9 min.
Hauteur totale de l'ordre ionique complet............	28 modules 9 min.
4° et 5° Hauteur de la colonne corinthienne et de la colonne composite.	20 modules.
Pour le piédestal le ¹/₃ ⎫ de 20 =	6 modules 12 min.
Pour l'entablement le ¹/₄ ⎭	5 modules.
Hauteur totale de l'ordre corinthien et de l'ordre composite complet...	31 modules 12 min.

Exercices.

Qu'est-ce que l'Architecture? (1) — Comment l'Architecture peut-elle encore être définie? (1) — Comment sont divisés les divers ornements employés en Architecture? (2) — Quelles sont les parties essentielles de chaque ordre d'Architecture? (3) — A quoi peut-on connaître qu'un ordre d'Architecture est complet? (4) — En combien de parties se divise chaque membre d'un ordre? (5) — Quelles sont les parties du piédestal? (5) — Quelles sont les parties de la colonne? (5) — Quelles sont les parties de l'entablement? (5) — Comment se subdivise chacune des parties du piédestal, de la colonne et de l'entablement? (6) — Qu'est-ce que la colonne? (7) — Les colonnes des différents ordres ont-elles les mêmes proportions? (7) — Qu'appelle-t-on module? (8) — En combien de parties se divise le module, suivant Vignole? (8) — Quelle est la hauteur de la colonne toscane? (9) — Quelle est la hauteur de la colonne dorique? (10) — Quelle est la hauteur de la colonne ionique? (11)

— *Quelle est la hauteur de la colonne corinthienne et de la colonne composite? (12 et 13)* — *Que faut-il remarquer relativement au diamètre supérieur de la colonne? (14)* — *A quelles règles est soumise la réduction du diamètre supérieur de la colonne? (14)* — *Quelle est la proportion du piédestal et de l'entablement? (15)* — *Comment faut-il s'y prendre pour obtenir la hauteur totale d'un ordre complet? (16)*

PREMIÈRE PLANCHE PRÉLIMINAIRE.

TRACÉ DES ORDRES

DANS UN RAPPORT PROPORTIONNEL.

17. Après avoir déterminé sur la ligne A B la hauteur B I de l'ordre toscan et l'avoir divisée en 19 parties égales, il faut en prendre 4 pour le piédestal, 12 pour la colonne et 3 pour l'entablement ; cette répartition donne lieu de rappeler ici que le piédestal est le $^1/_3$ de la colonne et que l'entablement en est le $^1/_4$.

18. Pour avoir le module ou demi-diamètre inférieur de la colonne, il faut prendre la quatorzième partie de sa hauteur, ensuite élever l'ordre toscan comme il est indiqué par les cotes.

19. Pour avoir le module ou demi-diamètre inférieur de la colonne corinthienne, il faut prendre 5 modules sur l'échelle de l'ordre toscan et la sixième partie de ces 5 modules donnera le module demandé ; après ces opérations, il faut élever à des distances égales, comme axes indéfinis, les lignes C D, E F et G H, parallèles à A B.

20. Pour déterminer la hauteur totale de l'ordre corinthien, il faut porter sur l'axe G H, 31 modules, 12 minutes ; après cela joindre les points I J, extrémités de l'ordre toscan et du corinthien, par une ligne oblique, et les intersections K et L que fera cette oblique avec les axes C D et E F, donneront la hauteur de l'ordre dorique et de l'ionique ; diviser ensuite les hauteurs D K, F L et H J en 19 parties égales, et les répartir comme pour l'ordre toscan, c'est-à-dire : 4 pour le piédestal, 12 pour la colonne et 3 pour l'entablement.

21. L'oblique M N détermine la hauteur des

piédestaux, de la même manière que l'oblique I J détermine celle des ordres.

22. Pour obtenir le module ou demi-diamètre inférieur de la colonne dorique et de l'ionique, il faut diviser la hauteur de la première en 16 parties égales et celle de la seconde en 18 ; les modules étant trouvés, on élève les ordres comme il est indiqué par les cotes.

On a pas fait ici mention de l'ordre composite parce qu'il a les mêmes proportions que le corinthien.

23. *Il est essentiel que les élèves comprennent bien cette explication avant de passer plus loin; autrement, il leur serait impossible de saisir les principes généraux que nous avons donnés pour le tracé des ordres, vu que de ces principes dérivent toutes les règles que nous donnerons dans la suite; aussi y renvoyons-nous presque à chaque page.*

Exercices.

La hauteur de l'ordre toscan étant déterminée, en combien de parties la divise-t-on pour déterminer ses trois membres principaux? (17) —

Combien de parties faut-il prendre pour le piédestal ? (17)—*Combien de parties faut-il prendre pour la colonne ?* (17)— *Combien de parties faut-il prendre pour l'entablement ?* (17) — *Quelle opération faut-il faire pour avoir le module ou demi-diamètre inférieur de la colonne toscane ?* (18) — *Que faut-il faire pour avoir le module de la colonne corinthienne ?* (19) — *Que faut-il faire pour déterminer la hauteur de l'ordre corinthien, de l'ordre dorique et de l'ordre ionique, ainsi que celle de leurs trois membres principaux ?* (20) — *Que faut-il faire pour obtenir le module ou demi-diamètre inférieur de la colonne dorique et de l'ionique ?* (22)

PRINCIPES GÉNÉRAUX

POUR LE TRACÉ DES ORDRES SELON VIGNOLE.

24. Il faut d'abord se rappeler, comme on l'a dit n^{os} **17** et **20**, que la hauteur de tout ordre complet doit toujours être divisée en **19** parties égales; que **4** de ces parties forment la hauteur du piédestal, **12**, celle de la colonne, et les **3** dernières, celle de l'entablement. De ces principes résultent les conséquences suivantes :

PREMIÈRE CONSÉQUENCE.

25. Pour la colonne, le module s'obtient en divisant la hauteur indiquée par le nombre de modules de l'ordre auquel elle appartient (**9** à **14**).

1ᵉʳ PROBLÈME.

Un professeur demande à un de ses élèves quel est le module des colonnes de l'ordre toscan, du dorique, de l'ionique, du corinthien et du composite, qui ont chacune $3^m,60$ de hauteur?

Solution.

$$\text{Hauteur de la colonne.} \begin{cases} \text{toscane.} \\ \text{dorique.} \\ \text{ionique.} \\ \text{corinthienne.} \\ \text{composite} \end{cases} 3^m\,60 : \begin{cases} 14 = 0^m\,25\,5/7 \\ 16 = 0^m\,225 \\ 18 = 0^m\,20 \\ 20 = 0^m\,18 \\ 20 = 0^m\,18 \end{cases} \text{longueur du module.}$$

DEUXIÈME CONSÉQUENCE.

26. Pour tout piédestal, le module s'obtient en multipliant la hauteur du piédestal par 3 (15), et divisant le produit par le nombre de modules indiqué pour la colonne à laquelle se rapporte ce piédestal (9 à 14).

2ᵐᵉ PROBLÈME.

On désire connaître la longueur du module du piédestal toscan, du dorique, de l'ionique, du corinthien et du composite, qui ont chacun $1^m,20$ de hauteur.

Solution.

$$\text{Hauteur du piédestal :} \begin{cases} \text{toscan...} \\ \text{dorique..} \\ \text{ionique...} \\ \text{corinthien} \\ \text{composite.} \end{cases} 1^m 20 \times 3 = 3^m 60 : \begin{cases} 14 = 0^m\ 25^5/_7 \\ 16 = 0^m\ 225 \\ 18 = 0^m\ 20 \\ 20 = 0^m\ 18 \\ 20 = 0^m\ 18 \end{cases} \text{longueur du module.}$$

TROISIÈME CONSÉQUENCE.

27. Pour tout entablement, le module s'obtient en multipliant la hauteur de l'entablement par 4 (15), et divisant le produit par le nombre de modules indiqué pour la colonne à laquelle se rapporte cet entablement (9 à 14).

3ᵐᵉ PROBLÈME.

Quelle est la longueur du module de l'entablement toscan, du dorique, de l'ionique, du corinthien et du composite, si chacun de ces entablements à 0ᵐ, 90 de hauteur ?

Solution.

$$\text{Hauteur de l'entablement.} \begin{cases} \text{toscan...} \\ \text{dorique..} \\ \text{ionique..} \\ \text{corinthien} \\ \text{composite} \end{cases} 0^m\ 90^c \times 4 = 3^m 60 : \begin{cases} 14 = 0^m\ 25^5/_7 \\ 16 = 0^m\ 225 \\ 18 = 0^m\ 20 \\ 20 = 0^m\ 18 \\ 20 = 0^m\ 18 \end{cases} \text{longueur du module.}$$

POUR LE TRACÉ DES ORDRES.

QUATRIÈME CONSÉQUENCE.

28. S'il s'agissait de déterminer la hauteur totale d'un ordre complet dont l'entablement serait seul connu, il faudrait d'abord multiplier cette hauteur par 4 (15); le produit donnerait la hauteur de la colonne; on prendrait ensuite le tiers de ce résultat et on aurait la hauteur du piédestal (15); l'addition de ces trois hauteurs partielles donnerait la hauteur totale de l'ordre complet.

4ᵐᶜ PROBLÈME.

On a trouvé dans les décombres d'un vieil édifice, un entablement assez bien conservé, de 1,32 de hauteur : on demande quelle a dû être la hauteur totale de l'ordre complet dont cet entablement faisait partie.

Solution.

$1^m 32^c \times 4 = 5^m 28^c$ hauteur de la colonne.
Le $1/3$ de $5^m 28^c = 1^m 76^c$ hauteur du piédestal.
Partie connue $1^m 32^c$ hauteur de l'entablement.

Hauteur totale de l'ordre
complet. . . . . $8^m 36^c$.

CINQUIÈME CONSÉQUENCE.

29. Si l'on était obligé de déterminer la hauteur de l'entablement et de celle de la colonne d'un ordre quelconque (3) dont la hauteur serait donnée en mètres, il faudrait prendre le $1/5$ de cette hauteur pour celle de l'entablement et les $4/5$ restant pour celle de la colonne (15).

5ᵐᵉ PROBLÈME.

Un architecte voulant exercer l'intelligence de l'un de ses élèves, lui demande de déterminer la hauteur de l'entablement et celle de la colonne d'un ordre toscan qui a $4^m,50$ de hauteur : comment cet élève s'y prendra-t-il pour les trouver ?

Solution.

Hauteur donnée $4^m 50^c$ { le $1/5 = 0^m 90^c$, hauteur de l'entablement.
les $4/5 = 3^m 60^c$, hauteur de la colonne.

SIXIÈME CONSÉQUENCE.

30. Si la hauteur métrique d'un ordre complet était donnée et qu'il fallût déterminer celle de chacun de ses membres, il faudrait diviser cette hauteur donnée par 19, et multiplier le quotient par 4 pour le piédestal, par 12 pour la colonne et par 3 pour l'entablement (24).

6me **PROBLÈME.**

Un élève d'architecture est obligé de déterminer la hauteur métrique de chaque membre d'un ordre dont il ne connaît que la hauteur totale, qui est de 9^m 50 ; comment devra-t-il procéder pour résoudre ce problème ?

Solution.

Hauteur donnée :
9^m 50^c : 19 = 0^m 50^c × $\begin{cases} 4 = 2^m ^c\text{, hauteur du piédestal.} \\ 12 = 6^m \text{, hauteur de la colonne.} \\ 3 = 1^m 50 \text{, hauteur de l'entablement.} \end{cases}$

Hauteur totale de l'ordre
complet. . . . . 9^m 50^c

Exercices.

Comment obtient-on le module d'une colonne quelconque, la hauteur étant donnée ? (25) — Comment obtient-on le module d'un piédestal quelconque, la hauteur étant donnée? *(26)* — *Comment obtient-on le module pour tout entablement, la hauteur étant donnée? (27)* — *Que faut-il faire pour déterminer la hauteur d'un ordre complet, connaissant celle de l'entablement (28)?* — *Que faut-il faire pour connaître la hauteur de l'entablement et de la colonne d'un ordre quelconque, dont la hauteur a été donnée en mètres? (29)* — *Que faut-il faire pour connaître la hauteur métrique des trois membres d'un ordre complet dont la hauteur totale a été donnée en mètres? (30)*

DEUXIÈME PLANCHE PRÉLIMINAIRE.

DU RACCORDEMENT

DES LIGNES.

31. Après avoir déterminé les divisions et les subdivisions d'un ordre quelconque, pour pouvoir le dessiner dans la forme qui le caractérise, il faut s'être exercé à faire le raccordement des lignes et à tracer les différentes moulures qui décorent les ordres d'architecture (a).

(a) Voyez les exercices sur le raccordement des lignes à la deuxième planche préliminaire.

32. Le raccordement des lignes est l'art d'unir plusieurs lignes de même espèce, ou d'espèces différentes, sans qu'elles offrent à l'œil la trace de la plus légère reprise.

33. Toute la théorie du raccordement des lignes se rapporte à trois cas différents, qu'il est essentiel de bien connaître.

PREMIER CAS.

34. *Faire raccorder une courbe à une droite.*
— Pour faire raccorder une courbe à une droite, il faut :

1° Tracer une droite indéfinie, élever une perpendiculaire sur le point de cette droite où le raccordement doit avoir lieu.

2° Poser une pointe du compas sur un point quelconque de cette perpendiculaire, puis à partir du point où le raccordement doit se faire décrire la courbe demandée.

DEUXIÈME CAS.

35. *Faire raccorder une droite à une courbe.* —
Pour faire raccorder une droite à une courbe, il faut :

1° Du centre de la courbe donnée, mener un rayon où le raccordement doit se faire.

2° Élever au point de raccordement une perpendiculaire à ce rayon ; elle sera la ligne demandée.

TROISIÈME CAS.

36. *Faire raccorder deux courbes ensemble.*
— Pour raccorder deux courbes ensemble, il faut :

1° Joindre, par une droite indéfinie, le centre de la courbe donnée au point où le raccordement doit avoir lieu.

2° D'un point quelconque de cette droite, décrire une autre courbe à partir du point où doit se faire le raccordement, elle sera la courbe demandée.

Exercices.

A quoi faut-il s'être exercé, avant de pouvoir dessiner les différentes parties d'un ordre ? (31) — Qu'est-ce que le raccordement des lignes ? (32) — A quoi se rapporte toute la théorie du raccordement des lignes ? (33) — En quoi consiste le premier cas du raccordement des lignes ?

(34) — Que faut-il faire pour raccorder une courbe à une droite? (34) — Faites-nous connaître le deuxième cas du raccordement des lignes? (35) — Que faut-il faire pour raccorder une droite à une courbe? (35) — Indiquez le troisième cas du raccordement des lignes? (36) — Que faut-il faire pour raccorder deux courbes ensemble? (36)

DES MOULURES EN GÉNÉRAL.

37. On appelle moulures les subdivisions des membres d'architecture; elles sont toutes destinées à la décoration de l'ordre où elles sont employées.

38. Il y a trois sortes de moulures : les droites, les circulaires et les composées.

39. Les moulures droites sont celles qui ne renferment que des lignes verticales et des lignes horizontales; tels sont: le listel, la plate-bande, le larmier et le plinthe.

40. Les moulures circulaires sont celles dont la forme est déterminée par une ligne courbe ; tels

sont : le quart-de-rond, le congé, la baguette, le tore, la gorge et le cavet.

41. Les moulures composées ne sont que la réunion de diverses moulures circulaires ; tels sont : le talon, la doucine et la scotie. Chacune de ces moulures offre plusieurs variétés dans la forme et dans la manière de la tracer. (*Voyez* 3me *planche préliminaire.*)

Exercices.

Qu'appelle-t-on moulures? (37) — Combien y a-t-il de sortes de moulures? (38) — Qu'appelle-t-on moulures droites et quelles sont-elles? (39) — Qu'appelle-t-on moulures circulaires et quelles sont-elles? (40) — Qu'appelle-t-on moulures composées et quelles sont-elles? (41)

DES MOULURES EN PARTICULIER.

42. Le listel est une moulure rectangulaire, dont la plus grande hauteur ne dépasse jamais deux minutes; dans les dimensions d'une minute et au-dessous, la saillie égale ordinairement la hauteur. Dans le cas contraire elle est moindre (*fig.* 1) (*a*).

43. Le larmier est une moulure très saillante, creusée en dessous, que l'on place dans les corniches d'un édifice, pour le préserver des eaux du ciel (*fig.* 2).

(*a*) Les divers tracés de chaque moulure sont tous indiqués dans la troisième planche préliminaire.

44. La plate-bande est une moulure rectangulaire très peu saillante, par rapport à ce qui lui sert de couronnement (*fig.* 3).

45. Le plinthe est une moulure rectangulaire, qui n'a ordinairement de saillie sur la moulure qui le surmonte, que quand il est placé à la base d'un piédestal (*fig.* 6).

46. Le quart-de-rond ordinaire est une moulure convexe, formée d'un quart de cercle; dont la saillie égale la hauteur (*fig.* 4).

47. Le quart-de-rond plat est celui qui a moins de saillie que de hauteur (*fig.* 5).

48. Le congé est une moulure creuse, formée d'un quart de cercle qui se raccorde à une ligne droite (*fig.* 6).

49. La baguette est une moulure demi-circulaire, dont la hauteur est ordinairement d'une minute, et la saillie, presque toujours égale à la moitié de cette hauteur (*fig.* 6).

50. Le tore est une moulure qui ne diffère de la baguette que par la grosseur; sa plus grande hauteur est de 4 à 5 minutes.

51. La gorge est une moulure creuse demi-circulaire, dont la profondeur égale la moitié de

la hauteur (*fig.* 7). *Il y en a cependant dont la profondeur excède cette dimension, comme dans la figure* 8.

52. Le cavet, dont la saillie égale la hauteur, est une moulure creuse formée d'un quart de cercle (*fig.* 9).

53. Le talon ordinaire, dont la saillie égale la hauteur, se compose d'un quart-de-rond raccordé à un cavet (*fig.* 10).

54. Le talon plat est une moulure semblable au **talon ordinaire**, mais il a moins de saillie que de hauteur (*fig.* 11 et 11 *bis*).

55. La doucine ordinaire est une moulure composée des mêmes éléments que le talon ordinaire, mais ils sont placés en sens inverse (*fig.* 13).

56. La doucine plate est une moulure inverse du talon plat (*fig.* 12).

57. La scotie ordinaire est l'assemblage de plusieurs cavets (*fig.* 14).

58. La scotie allongée est l'assemblage de 3 ou 4 cavets dont quelques-uns ont plus de saillie que de hauteur (*planche* 35).

Exercices.

Qu'est-ce que le listel? (42) — Qu'est-ce que le larmier? (43) — Qu'est-ce que la plate-bande? (44) — Qu'est-ce que le plinthe? (45) — Qu'est-ce que le quart-de-rond ordinaire? (46) — Qu'est-ce que le quart-de-rond plat? (47) — Qu'est-ce que le congé? (48) — Qu'est-ce que la baguette? (49) — Qu'est-ce que le tore? (50) — Qu'est-ce que la gorge? (51) — Qu'est-ce que le cavet? (52) — Qu'est-ce que le talon ordinaire? (53) — Qu'est-ce que le talon plat? (54) — Qu'est-ce que la doucine ordinaire? (55) — Qu'est-ce que la doucine plate? (56) — Qu'est-ce que la scotie ordinaire? (57) — Qu'est-ce que la scotie allongée? (58)

TROISIÈME PLANCHE PRÉLIMINAIRE.

DES MOULURES.

(Voir, pour les tracés, les modèles dessinés sur cette planche).

REMARQUES TRÈS IMPORTANTES [a].

59. *Pour graver plus profondément dans la mémoire des élèves les dimensions (b) des divers*

(*a*) Nous engageons les élèves à lire avec attention toutes les remarques et toutes les observations qu'ils rencontreront dans cet ouvrage, s'ils ne veulent pas être embarrassés dans l'exécution.

(*b*) Par ce mot dimension, on entend ici la hauteur et la saillie de chaque membre, et de chaque partie de membre.

membres d'ordre et de leurs parties, on les a mentionnées dans le texte, et cotées sur les planches, excepté celles des moulures ou subdivisions, qui ne sont indiquées que sur les premières planches de chaque ordre. La hauteur des moulures est aussi cotée après le nom de chacune; leur saillie est indiquée à partir du nu de chaque membre, c'est-à-dire de la partie intermédiaire qui n'est revêtue d'aucun ornement.

60. *Le nu du piédestal se trouve dans le socle et se nomme partie prismatique; celui de la colonne se trouve dans le fût, et il prend, dans la partie inférieure de ce fût, le nom de partie cylindrique, et dans la partie supérieure, celui de partie conique; le nu de l'entablement se trouve dans la frise, mais il ne reçoit pas de nom particulier.*

61. *Les cotes qui déterminent la saillie de chaque moulure sont placées au-dessus d'une même ligne horizontale ponctuée; néanmoins, dans le plus grand nombre des planches, il a fallu les placer alternativement au-dessus et au-dessous de ladite ligne, pour éviter la confusion que présenterait à l'œil le trop grand rapprochement des*

chiffres. Elles sont séparées les unes des autres par des lignes verticales également ponctuées, qui vont aboutir à la naissance et à l'extrémité de chaque moulure.

62. *La hauteur métrique d'un membre d'ordre ou de l'ordre entier, indiquée sur certaines planches, sert à faire connaître celle qu'il faut d'abord déterminer pour obtenir le module.*

63. *Quelquefois c'est la hauteur métrique de la base de la colonne qui est indiquée; dans ce cas, c'est la hauteur métrique elle-même qui est le module.*

64. *Il est inutile de faire remarquer que, pour tracer un dessin de même hauteur que celui de la planche, il faut prendre le même nombre de millimètres; et qu'on doit augmenter ou diminuer ce nombre, à proportion de la grandeur que l'on veut donner à son travail.*

65. *On a lieu de penser que ces diverses indications faciliteront singulièrement les progrès des élèves dans le tracé des ordres d'Architecture, et qu'elles préviendront la confusion que cause*

ordinairement la méthode usitée dans les traités de ce genre qui ont paru jusqu'à ce jour.

Il n'est pas nécessaire qu'un élève dessine toutes les planches, les unes après les autres, pour savoir tracer les cinq ordres d'Architecture, il suffit qu'il fasse toutes celles des deux premiers ordres; puis quelques-unes des trois autres ordres: principalement celles qui sont intitulées, détails du piédestal, de l'entablement, du chapiteau, etc.

DES ORDRES

EN GÉNÉRAL.

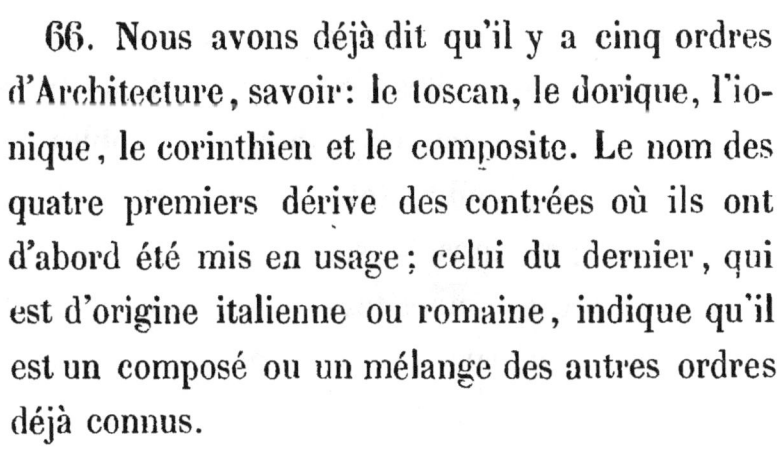

66. Nous avons déjà dit qu'il y a cinq ordres d'Architecture, savoir: le toscan, le dorique, l'ionique, le corinthien et le composite. Le nom des quatre premiers dérive des contrées où ils ont d'abord été mis en usage; celui du dernier, qui est d'origine italienne ou romaine, indique qu'il est un composé ou un mélange des autres ordres déjà connus.

67. L'ordre toscan se reconnaît à la simplicité de ses moulures, et à un caractère de rusticité qui semblerait indiquer qu'il a été le premier inventé.

Du moins est-il certain que c'est le premier dont les Romains se soient servis.

68. L'ordre dorique se fait remarquer par les triglyphes et les métopes dont la frise est ornée, et par un caractère viril qui le rend l'ordre des héros par excellence.

69. L'ordre ionique se distingue par les volutes de son chapiteau, assez semblables à des cornes de bélier, et par un caractère de délicatesse qui l'a fait nommer l'ordre des *femmes*, comme le dorique a été nommé l'ordre des *hommes*.

70. L'ordre corinthien, qui est le chef-d'œuvre de l'Architecture, se fait remarquer par la beauté de son chapiteau, orné de huit volutes et d'un double rang de feuilles d'acanthe ou d'olivier recourbées; il présente un caractère de noblesse et d'élégance qui rend toutes ses parties susceptibles de la plus grande richesse.

71. L'ordre composite, qui devrait être appelé *ordre romain*, parce que les Romains l'ont inventé (*a*) se distingue par l'union des feuilles du cha-

(*a*) Lorsqu'ils élevèrent un arc-de-triomphe en l'honneur de l'empereur Titus, après la conquête de Jérusalem, l'an 70 de J.-C.

piteau corinthien aux volutes de l'ionique, et par un caractère analogue à la délicatesse de ce dernier ordre et à l'élégance du premier.

Exercices.

D'où dérive le nom des quatre premiers ordres? (66) Qu'indique le nom du cinquième ordre?(66) A quoi reconnaît-on l'ordre toscan?(67) Par quoi se fait remarquer l'ordre dorique? (68) Par quoi se distingue l'ordre ionique? (69) Qu'a de remarquable l'ordre corinthien? (70) Comment devrait être appelé l'ordre composite? (71)

ORDRE TOSCAN

EN GÉNÉRAL.

72. Cet ordre est ainsi appelé, parce que les Pélages ou autres peuples de Lydie, étant venus habiter l'Étrurie, aujourd'hui la Toscane, y bâtirent les premiers des temples de cet ordre; ce fait vient à l'appui de notre opinion sur l'ancienneté que nous avons attribuée à ce premier ordre.

73. L'exécution de cet ordre, dont les triglyphes, les modillons et les denticules ne gênent point les entre-colonnements, le fait employer de préférence dans les monuments rustiques.

74. Quoiqu'il soit rare de trouver l'ordre toscan employé avec piédestal, Vignole a cru devoir lui en donner un, afin de suivre le plan qu'il s'est proposé pour les autres ordres; on a suivi la même marche dans cet ouvrage.

Exercices.

Pourquoi l'ordre toscan est-il ainsi appelé? (72) Dans quels édifices emploie-t-on de préférence l'ordre toscan, et pourquoi? (73) L'ordre toscan est-il souvent employé avec piédestal, et pourquoi Vignole lui en a-t-il donné un? (74)

ORDRE TOSCAN,

SELON VIGNOLE.

PLANCHE PREMIÈRE.

PIÉDESTAL ET BASE

DE LA COLONNE DE L'ORDRE TOSCAN.

DU PIÉDESTAL.

75. Le piédestal est le tiers de la colonne (15), et sa hauteur est de 4 modules 8 minutes ; il se divise en trois parties principales, qui sont : la base, le socle et la corniche (5).

DE LA BASE DU PIÉDESTAL.

76. Cette base a 6 minutes de hauteur et 4 minutes de saillie, à partir du nu du socle (60).

DU SOCLE.

77. Le socle a 3 modules 8 minutes de hauteur ; 1 module 4 minutes $^1/_2$ de saillie, à partir de l'axe BE, et 2 minutes de saillie, pour le congé, à partir du nu du socle.

DE LA CORNICHE.

78. Cette corniche a 6 minutes de hauteur et 4 minutes de saillie, à partir du nu du socle.

DE LA BASE DE LA COLONNE.

79. La base de la colonne a 1 module de hauteur et 4 minutes $^1/_2$ de saillie, à partir du nu du fût (60).

80. *Pour la hauteur et la saillie des moulures qui composent les parties ci-dessus.* (Voir numéméros 59 et 61.)

81. *Cette 1re planche présente encore le plan de la base de la colonne, la moitié du plan renversé du plafond de la corniche du piédestal; et la moitié du plan de la base du piédestal.*

82. *Chacun de ces plans a les mêmes propor-*

tions que la partie qu'il représente ; par exemple, la base du piédestal a **1** *module* **8** *minutes* ¹/₂ *de saillie, de A en B ; la même saillie existe dans son plan de A' en B', et la partie A'F est double de celle A'B'.*

83. *Les mêmes observations peuvent être faites à l'égard des autres plans.*

7ᵐᵉ PROBLÈME.

84. Un ouvrier menuisier doit faire un piédestal de l'ordre toscan de 1ᵐ 40 de hauteur, on demande comment il trouvera les proportions des trois parties principales de ce piédestal et celles de ses moulures.

Solution.

85. Après avoir déterminé la longueur du module (26), il déterminera les trois principales parties et les moulures qui les composent, comme il est marqué sur la planche première.

$1^m\ 40^c \times 3 = 4^m\ 20^c$, hauteur de la colonne.
$4^m\ 20 : 14 = 0^m, 30^c$, longueur du module.

Exercices.

Quelle est la hauteur du piédestal toscan? (75) En combien de parties principales se divise le piédestal toscan? (75) Quelle est la hauteur de la base du piédestal toscan et sa saillie, à partir du nu du socle? (76) Quelle est la hauteur du socle du piédestal toscan et sa saillie, à partir de l'axe, ainsi que la saillie du congé à partir du nu du socle? (77) Quelle est la hauteur de la corniche du piédestal toscan et sa saillie, à partir du nu du socle? (78) Quelle est la hauteur de la base de la colonne toscane et sa saillie, à partir du nu du fût? (79) Que faut-il faire pour résoudre le 7ᵉ problème? (85)

ECHELLE DE PROPORTION

APPLIQUÉE AUX ORDRES.

86. Tout tracé quelconque, pour être fait régulièrement, doit être exécuté au moyen d'une échelle de proportion, qui représente, sur une ligne horizontale, le module avec ses divisions, et, le plus souvent, la répétition doublée, triplée, etc., du même module non divisé. Mais, pour abréger le travail, et pour éviter l'inconvénient de percer le papier, en y portant trop souvent le compas, il est extrêmement utile de tracer cette échelle sur une bande de papier séparée, large d'environ deux centimètres. On y indique, par

des chiffres placés au-dessous, l'ordre des modules et des minutes, comme sur le modèle; et, après l'avoir passée à l'encre, on coupe le papier à un millimètre de distance de la ligne sur laquelle sont marquées les divisions.

87. *Cette échelle, dont l'usage est indiqué dans la méthode ci-après, offre une telle économie de temps, que l'on ne saurait trop en recommander l'emploi aux élèves, et même aux personnes qui copient des dessins, soit d'après un modèle, soit d'après un croquis, dont les dimensions sont indiquées par des cotes.*

88. *Quoique le dessin que l'on copie ne soit point coté, il n'en faut pas moins faire l'échelle de la même manière. Pour obtenir les dimensions des différentes parties qui le compose, on y applique l'échelle, et on compte le nombre de divisions et parties de divisions de chacune de ces parties; puis on les porte sur le papier préparé pour la copie.*

89. *Si la copie devait être double, triple en hauteur et en largeur, ou n'avoir que le quart, le tiers de cette hauteur et de cette largeur, il faudrait faire une échelle double, triple, etc., ou* n'ayant que le quart, le tiers, etc., de celle du modèle.

90. Après avoir terminé un dessin, au moyen de l'échelle séparée, il convient de copier celle-ci au bas, afin de retrouver au besoin les éléments qui ont servi à exécuter ce dessin.

MÉTHODE PRATIQUE

POUR FAIRE

LE TRACÉ DE LA PLANCHE PREMIÈRE.

91. Il faut d'abord tracer l'encadrement et les lignes verticales qui servent à séparer les différents titres, et les cotes destinées à marquer la hauteur des moulures ; déterminer ensuite la hauteur du piédestal par les parallèles A B et C D (ici elle est de 0^m, 172) (*a*) ; après quoi, il faut

---

(*a*) Toutes ces opérations doivent se faire pour chaque planche avant de passer outre.

chercher le module ou demi-diamètre inférieur du fût (**26**) (*a*); puis, tirer l'axe B E, perpendiculaire aux lignes A B et C D, porter successivement la hauteur de la base, du socle et de la corniche du piédestal, comme il est indiqué par les cotes, et faire passer, par les différents points que l'on a faits pour déterminer ces hauteurs, des lignes au crayon, qui soient parallèles aux lignes A B et C D (*b*); porter également la hauteur des moulures dont sont composées ces trois parties, selon qu'il est indiqué par les cotes, et faire passer, par les points qui les déterminent, des lignes au crayon, parallèles aux précédentes.

(*a*) Un élève qui ne serait pas assez avancé pour obtenir le module par le moyen du calcul, pourrait employer le moyen suivant; après avoir pris, par exemple, avec le compas, la hauteur métrique du piédestal toscan, sur un double décimètre, il la portera trois fois le long d'une ligne tracée sur une feuille de papier, puis avec le compas, il divisera cette longeur en 14 parties égales, l'une de ces parties sera le module.

(*b*) Il faut avoir soin de tailler le crayon très fin, éviter d'appuyer trop fort dessus, afin que les lignes puissent disparaître avec facilité en y passant la gomme élastique.

92. *Ces divers procédés deviennent faciles au moyen de l'échelle séparée dont nous avons fait mention* (86).

93. *Voici l'usage de cette échelle : par exemple, pour porter la hauteur des principales parties qu'on vient d'énumérer, il faut poser la division de l'échelle correspondant à zéro, sur la ligne AB, avec un crayon, marquer un point en face de celle qui correspond au 6, et la hauteur de la base sera déterminée ; poser ensuite, sur le point qui détermine la hauteur de la base, la division correspondante au 3, destiné à énumérer les modules, compter sur cette échelle 3 modules 8 minutes, et faire un point avec le crayon vis-à-vis de la division qui marque ce nombre ; la hauteur du socle étant ainsi déterminée, on pose la division correspondante à zéro, sur le point qui la détermine, puis on compte 6 minutes, la division qui les détermine doit correspondre parfaitement à la ligne CD, s'il en était autrement, c'est que l'on n'aurait pas porté la hauteur de la base et du socle avec assez de précision, ou que l'échelle n'aurait pas été bien faite ; ce qu'il faudrait rectifier immédiatement.*

94. *La hauteur et la saillie des moulures qui composent ces différentes parties, se déterminent de la même manière.*

95. Déterminer ensuite la saillie de la partie prismatique, en portant, à droite et à gauche de l'axe, 1 module 4 minutes $^1/_2$ et faire passer par chacun de ces deux points une parallèle à l'axe B E, déterminer également la saillie de la base et de la corniche du piédestal, selon les proportions indiquées (n°s 76 et 78).

96. Pour déterminer la saillie des moulures qui composent la base du piédestal, il faut, à partir du nu de la partie prismatique, porter à droite et à gauche 2 minutes, plus 2 minutes, et faire passer, par chacun de ces points, une ligne parallèle à l'axe, comme on le voit sur le modèle, en ayant soin de les faire aboutir aux mêmes endroits ; ces lignes détermineront la saillie desdites moulures. Pour déterminer celle des moulures qui composent la corniche, il faut, à partir du nu du socle, porter aussi à droite et à gauche $^1/_2$ minute, plus 3 minutes, plus $^1/_2$ minute, et faire passer également, par chacune de ces divisions, une ligne parallèle à l'axe ; puis tracer chaque

moulure comme il est indiqué à la 3ᵉ planche préliminaire.

97. Pour tracer la partie inférieure de la colonne, il faut d'abord porter sur une ligne représentant l'axe la hauteur de la base de cette colonne, puis la hauteur des moulures dont elle est composée, et faire passer par chacun de ces points, une ligne au crayon, parallèle à la ligne C D; porter ensuite la hauteur du congé et une hauteur indéfinie pour la partie cylindrique sur la même ligne, observant de ne pas la prendre trop grande, afin qu'il reste suffisamment de place pour tracer le plan de la base.

98. Pour déterminer la saillie de la partie cylindrique, il faut d'abord porter 1 module à droite et à gauche de l'axe, et faire passer par chacun de ces deux points, une ligne qui lui soit parallèle; pour déterminer la saillie des moulures qui composent la base de la colonne, il faut, à partir du nu du fût, porter à droite et à gauche 1 minute $^1/_2$, plus $^1/_2$ minute, plus 2 minutes $^1/_2$, et faire passer, par chacun de ces points, une ligne parallèle à l'axe: les moulures se tra-

cent comme il est indiqué ci-devant (3ᵉ *planche préliminaire*).

99. Pour tracer le plan de la base de la colonne, il faut décrire trois circonférences : la première ayant la même saillie que la partie cylindrique ; la seconde, la même que le listel ; et la troisième, la même que le tore ; le carré qui circonscrit cette dernière doit lui être tangent, à quatre points différents, également éloignés les uns des autres ; deux de ces points doivent être pris sur l'axe B E.

100. Pour faire la moitié du plan de la base du piédestal, il faut tracer un rectangle de 1 module 4 minutes $1/2$ de largeur, sur une longueur double, et porter sur trois de ses faces, la saillie indiquée par les cotes. Le plan de la corniche se trace de la même manière.

101. Quand le dessin est parfaitement terminé au crayon, on le trace à l'encre, ayant soin de commencer le tracé par les lignes qui ne sont pas ombrées, afin qu'en cas de méprise, il soit facile de grossir la ligne qui aurait été tracée trop fin.

PLANCHE DEUXIÈME.

ENTABLEMENT ET CHAPITEAU

DE LA COLONNE DE L'ORDRE TOSCAN.

DE L'ENTABLEMENT.

102. L'entablement est le quart de la colonne (15); sa hauteur est de 3 modules 6 minutes; il se divise en 3 parties principales, qui sont : l'architrave, la frise et la corniche (5).

DE L'ARCHITRAVE.

103. L'architrave a 1 module de hauteur, et 2 minutes de saillie, à partir du nu de la frise.

DE LA FRISE.

104. La frise a 1 module 2 minutes de hauteur, et 9 minutes $^1/_2$ de saillie, à partir de l'axe A B.

DE LA CORNICHE.

105. Cette corniche a 1 module 4 minutes de hauteur, et 1 module 6 minutes de saillie, à partir du nu de la frise.

DU CHAPITEAU.

106. Le chapiteau a 1 module de hauteur, et 5 minutes 1/2 de saillie, à partir du nu du fût.

107. *Pour la hauteur et la saillie des moulures qui composent les parties ci-dessus.* (Voir les numéros 59 et 61.)

108. *Cette planche 2me présente aussi la moitié du plan renversé du chapiteau, et celui du plafond de la corniche. Il est facile de voir, par les cotes et les lignes ponctuées, quelles sont les dimensions de ces deux plans.*

109. *La coupe (a) de la corniche, qui se trouve placée sous le plan du plafond, a la même hauteur et la même saillie que la corniche.*

(a) On appelle coupe une section perpendiculaire d'un édifice ou d'un morceau quelconque d'Architecture, pour en découvrir l'intérieur, et en marquer la hauteur, la longueur et l'épaisseur.

8^{mc} PROBLÈME.

110. On se propose de faire exécuter un entablement de l'ordre toscan de 0^m 70 de hauteur, comment doit-on s'y prendre pour obtenir les proportions que doivent avoir ses trois principales parties, et celles des moulures qui les composent?

Solution.

111. Après avoir déterminé la longueur du module (**27**), on détermine les trois parties principales et les moulures qui les composent, comme il est indiqué sur la planche 2^{mc}.

$0^m\ 70^c \times 4 = 2^m\ 80^c$, hauteur de la colonne.
$2^m\ 80^c : 14 = 0^m\ 20^c$, longueur du module.

Exercices.

Quelle est la hauteur de l'entablement toscan? (102) En combien de parties se divise l'entablement toscan? (102) Quelle est la hauteur de l'architrave toscane et sa saillie à partir du nu de la frise? (103) Quelle est la hauteur de la frise toscane et sa saillie, à partir de l'axe? (104) Quelle est la hauteur de la corniche toscane et sa saillie, à partir du nu de la frise? (105) Quelle est la hauteur du chapiteau toscan et sa saillie, à partir du nu du fût? (106) Quelles opérations faut-il faire pour résoudre le 8ᵉ problème? (111)

MÉTHODE PRATIQUE

POUR FAIRE

LE TRACÉ DE LA PLANCHE DEUXIÈME.

112. Il faut d'abord, comme pour la précédente planche, tracer l'encadrement et les lignes verticales qui servent à séparer les différents titres, et les cotes destinées à marquer la hauteur des moulures; déterminer ensuite la hauteur de l'entablement (ici elle est de 0^m 128); après quoi, il faut chercher le module ou demi-diamètre inférieur du fût (27); puis, tracer l'axe A B perpendiculaire aux lignes qui déterminent la hauteur de l'entablement; porter successivement la hauteur de l'architrave, de la frise et de la corniche, comme il est indiqué par les cotes; faire passer par les points qui déterminent ces diverses hauteurs des lignes parallèles aux deux lignes qui déterminent la hauteur de l'entablement; porter également la hauteur des moulures dont sont composées ces trois parties, selon qu'il est indiqué par les cotes, et faire passer par les points qui les déterminent des lignes au crayon, parallèles aux précédentes.

113. Déterminer ensuite la saillie de la frise en portant 9 minutes $1/2$ à droite de l'axe A B, et faire passer par ce point une parallèle à cet axe. Pour déterminer la saillie des moulures qui composent l'architrave, il faut, à partir du nu de la frise, porter 2 minutes, et faire passer, par ce point, une ligne parallèle à l'axe; pour déterminer la saillie des moulures qui composent la corniche, il faut, à partir du nu de la frise, porter $1/2$ minute, plus 3 minutes $1/2$, plus $1/2$ minute, plus 4 minutes, plus 1 minute, plus $1/2$ minute, plus 1 minute $1/2$, plus 1 minute $1/2$, plus 1 minute, plus $1/2$ minute, plus 3 minutes $1/2$; et faire passer, par les points qui indiquent ces dif-

férentes divisions des lignes parallèles à l'axe, ayant soin de les faire aboutir aux mêmes points que sur le modèle; tracer ensuite le profil des moulures, comme il est indiqué à la 3ᵐᵉ planche préliminaire.

114. Pour tracer la partie supérieure de la colonne, il faut d'abord porter la hauteur du chapiteau, puis la hauteur des moulures dont il est composé, et faire passer, par chacun de ces points, des lignes parallèles à celles qui déterminent la hauteur des moulures de l'entablement ; porter ensuite la hauteur de la baguette, du listel, du congé, et une hauteur indéfinie pour la partie conique, observant de ne la pas porter trop grande, afin d'avoir suffisamment de place pour tracer le plan du chapiteau et de la corniche.

115. Pour déterminer la saillie de la partie conique, il faut, à partir de l'axe, porter à droite et à gauche 9 minutes $1/2$; pour déterminer celle des moulures qui composent la partie supérieure de la colonne, il faut, à partir du nu du fût, porter à droite et à gauche 1 minute, plus $1/2$ minute, plus 2 minutes $1/2$, plus $1/2$ minute, plus 1 minute, et faire passer, par chacune de ces divisions, une ligne parallèle à l'axe, en ayant soin de les faire aboutir aux mêmes points que sur le modèle; après cela, on tracera les moulures, comme il est indiqué à la 3ᵉ planche préliminaire.

116. Il faut tracer ensuite le plan du chapiteau, puis celui de la corniche, en employant des moyens analogues à ceux qui sont énoncés nᵒˢ 99 et 100.

117. Il est facile de voir que les lignes qui composent ces deux plans ont les mêmes séparations que celles qui déterminent la saillie des moulures, puisqu'elles n'en sont que les projections.

118. La coupe de la corniche se trace de la même manière que la partie qu'elle représente; elle a aussi les mêmes proportions.

119. Le dessin étant parfaitement terminé au crayon, on le trace à l'encre (101); le tracé du plan et de l'élévation du chapiteau doit être fait avant celui de l'entablement et du plafond de la corniche.

DE LA PLANCHE DEUXIÈME. 59

REMARQUE.

120. *Les planches qui suivent, étant toutes composées des mêmes parties, il devient inutile de répéter désormais les détails indiqués dans les méthodes pratiques qu'on a données pages 45 et 55, on se contentera d'expliquer certaines particularités, à mesure qu'elles se présenteront.*

PLANCHES TROISIÈME ET QUATRIÈME.

DIVERS DÉTAILS & COUPES.

121. Ces deux planches contiennent à la fois les coupes et les détails (*a*) des parties d'ordre, représentées dans les deux planches précédentes; les moulures y sont dessinées plus en grand, et le centre des arcs y est indiqué, par des lignes ponctuées, afin d'en faciliter l'exécution.

(*a*) Dénombrement exact des diverses parties d'un morceau quelconque d'Architecture.

PLANCHE CINQUIÈME.

FRONTON

VU DE FACE, DE PROFIL, & SUR LA COUPE D G.

122. On appelle fronton tout ornement d'Architecture destiné à couronner une ordonnance ou à terminer une façade. Il se compose d'une corniche horizontale, d'un tympan et d'une corniche rampante ; il est presque toujours de forme triangulaire.

123. La vue de face est l'aspect que présente

un fronton ou un édifice quelconque, quand on le considère par devant.

124. La vue de profil est l'aspect qu'il présente, quand on ne l'envisage que par le côté.

125. Les cotes de la figure première et celles de la figure troisième n'ont pas été indiquées, parce que ces deux figures ont les mêmes proportions que celles de la figure deuxième.

126. Pour dessiner cette planche, il faut commencer par faire le tracé de la figure 1re, ensuite celui des deux autres en même temps, ayant soin d'observer les procédés indiqués sur la planche.

127. Les lignes ponctuées qu'on trouve dans le fronton (*fig.* 2), indiquent les arêtes de la corniche rampante qu'on apercevrait sur le profil, si les matériaux étaient transparents.

128. Les perpendiculaires ponctuées sur la corniche rampante (*fig.* 1re) sont destinées à porter les hauteurs cotées sur la corniche horizontale (*fig.* 2me), excepté celle du quart de rond qui est déterminée par la ligne D K, et par la parallèle tracée, à partir de la naissance de cette moulure.

129. Cette planche présente encore la hauteur et le profil de l'imposte et de l'archivolte.

Exercices.

Qu'appelle-t-on fronton ? (122) De quoi le fronton est-il composé ? (122) Quelle est la forme ordinaire du fronton ? (122) Qu'entend-on par la vue de face d'un fronton ? (123) Qu'entend-on par la vue de profil d'un fronton ? (124)

PLANCHE SIZIÈME.

RENFLEMENT DES COLONNES.

130. Les méthodes indiquées planche 6me pour obtenir le renflement des colonnes, exigeant la connaissance du module, il est important de savoir comment on peut l'obtenir. Si l'élève doit opérer le renflement d'une colonne dont la hauteur complète lui est donnée, il en trouvera le module par le procédé indiqué au n° 25 ; s'il ne connaît que la hauteur métrique du fût isolé, il cherchera le module en retranchant de la colonne à laquelle ce fût appartient, les hauteurs réunies de la base et du chapiteau ; le résultat de cette opération sera le diviseur de la hauteur donnée, et le quotient représentera le module cherché.

131. Le tableau ci-après présente ce procédé d'une manière plus sensible.

$$\text{Hauteur de la colonne} \begin{cases} \text{toscane.} \ldots 14 \text{ mod.} \\ \text{dorique.} \ldots 16 \text{ id.} \\ \text{ionique.} \ldots 18 \text{ id.} \\ \text{corinthienne } 20 \text{ id.} \\ \text{composite.} \ 20 \text{ id.} \end{cases} \text{moins la base et le chapiteau} \begin{cases} 2^{\text{mod}} \quad\quad = 12^{\text{mod}} \\ 2 \text{ id.} \quad\quad = 14 \text{ id.} \\ 1 \text{ id. } 12^{\text{mi}} = 16 \text{ id. } \ 6^{\text{mi}} \\ 3 \text{ id. } \ 6^{\text{mi}} = 16 \text{ id. } 12^{\text{mi}} \\ 3 \text{ id. } \ 6^{\text{mi}} = 16 \text{ id. } 12^{\text{mi}} \end{cases} \text{hauteur du fût isolé}$$

9me PROBLÈME.

132. On demande quelle est la longueur du module des fûts isolés de l'ordre toscan, du dorique, de l'ionique, du corinthien et du composite, si les deux premiers ont chacun $4^m 20$ de hauteur, le troisième $4^m 90$ et les deux autres chacun 5 mètres ?

Solution.

$$\text{Hauteur du fût isolé} \begin{cases} \text{toscan.} \\ \text{dorique.} \end{cases} 4^m 20 : \begin{cases} 12 = 0^m 35 \\ 14 = 0^m 30 \end{cases} \\ \text{ionique.} \ldots 4^m 90 : 16^{1/3} = 0^m 30 \\ \begin{cases} \text{corinthien} \\ \text{composite} \end{cases} 5 : 16^{2/3} \begin{cases} = 0^m 30 \\ = 0^m 30 \end{cases} \text{longueur du module.}$$

La méthode pratique pour déterminer ce renflement est indiquée sur la planche 6.

PLANCHE SEPTIÈME.

ENTRE-COLONNEMENT

SURMONTÉ D'UN FRONTON.

133. Cette planche présente l'élévation, l'entre-colonnement et le plan d'une partie de colonnade, à double rang, élevée sur trois marches et surmontée d'un fronton.

134. Le célèbre Vignole, dont nous avons déjà parlé (8), ayant étudié attentivement les monuments antiques qui abondent à Rome, et n'en ayant trouvé aucun de l'ordre toscan qui pût lui

servir à former une règle, comme il l'avait fait à l'égard des autres ordres, adopta les proportions indiquées dans l'ouvrage de l'illustre Vitruve (a) (liv. 4, chap. 7), et jugea convenable d'assujettir cet entablement à la règle établie pour les autres (15).

135. L'entre-colonnement toscan est assujetti à plusieurs sortes de proportions, selon qu'il est employé avec piédestal ou sans piédestal, avec portique ou sans portique. On indique ici les règles de celui qui est employé sans piédestal et sans portique.

136. Pour faire le tracé de cet entre-colonnement, la hauteur étant donnée (ici elle est de 0ᵐ 167), il faut déterminer la hauteur de l'entablement et de la colonne (29) et la longueur du module (25), tracer ensuite au crayon des lignes perpendiculaires à celles qui déterminent la

---

(a) Vitruve (M. Vituvius Pollio), né l'an 116 avant Jésus-Christ, à Véronne ou à Formies, vécut environ 90 ans. On lui doit un célèbre traité d'architecture, qu'il dédia à l'empereur Auguste, et qui est infiniment précieux, en ce qu'il est le seul qui constate l'état où en était à Rome, de son temps, l'art de bâtir.

hauteur de la colonne et de l'entablement, espacées de 6 modules 8 minutes; elles seront les axes des colonnes et détermineront les entre-colonnements; fixer ensuite la hauteur de la base et du chapiteau de la colonne : cette hauteur est de 1 module pour chacun (79 et 106); il en restera 12 pour la hauteur du fût qui est cylindrique jusqu'au tiers, et qui de là diminue progressivement jusqu'au dessous de l'astragale (a), où il n'a plus que 1 module 7 minutes de diamètre.

137. Si le module avait été donné d'abord, il aurait fallu le répéter 17 fois $^1/_2$ pour avoir la hauteur totale de l'ordre (16), puis opérer comme il est indiqué ci-dessus.

138. *Pour la hauteur et la saillie des moulures qui composent ces différentes parties, voir les cotes qui sont sur la planche même.*

139. *Pour le tracé du fronton, voir le n° 128.*

140. *Pour le tracé du plan de la colonnade, voir la méthode pratique 99.*

141. *Il est à remarquer que tout profil tracé*

(a) On comprend sous ce nom la baguette, le listel et le congé, réunis à l'extrémité supérieure du fût.

dans un entablement désigne un avant-corps, et que la continuation de cet entablement indique un arrière-corps ; celle que l'on voit ici, après le fronton, indique le second rang des colonnes.

10me PROBLÈME.

142. Un particulier veut décorer sa maison d'une colonnade toscane de 4^m 40 de hauteur ; il demande 1° quelle sera la hauteur de l'entablement ; 2° celle de la colonne. Comment l'entrepreneur s'y prendra-t il pour donner les dimensions de ces deux membres, ainsi que celles de leurs parties principales, et des moulures qui les composent ?

Solution.

143. Il cherchera la hauteur de l'entablement et de la colonne (29) et la longueur du module (25), ensuite il déterminera les parties principales et les moulures qui les composent, en portant les modules et parties de module, comme il est indiqué par les cotes de la planche 7.

4 ᵐ 40 : 5 = 0 ᵐ 88 ᶜ, hauteur de l'entablement.
0 ᵐ 88 × 4 = 3 ᵐ 52 ᶜ, hauteur de la colonne.
3 ᵐ 52 : 14 = 0 ᵐ 25ᶜ $1/7$, longueur du module.

Exercices.

Quelles règles Vignole a-t-il adoptées touchant l'ordre toscan? (134) L'entre-colonnement toscan se trace-t-il toujours de la même manière? (135) Que faut-il faire lorsqu'on veut tracer un entre-colonnement toscan sans piédestal, la hauteur étant donnée? (136) Que faut-il faire pour résoudre le 10ᵐᵉ problème? (143)

PLANCHE HUITIÈME.

ENTRE-COLONNEMENT

AVEC PORTIQUE SANS PIÉDESTAL.

144. Lorsqu'il s'agit de tracer un entre-colonnement toscan avec portique, il faut déterminer la hauteur des arcades et celle des pieds-droits, d'après les règles suivantes :

PREMIÈRE RÈGLE.

145. Selon Vignole, la hauteur de l'arcade doit être, en général, le double de la largeur.

DEUXIÈME RÈGLE.

146. Selon Vignole, la hauteur du pied-droit doit être en général, une fois et demie la largeur de l'arcade.

147. Pour dessiner cet entre-colonnement, la hauteur étant donnée (ici elle est de $0^m\,200$), il faut déterminer la hauteur de l'entablement celle de la colonne (29), et la longueur du module (25); tracer ensuite des axes à 9 modules 6 minutes d'espacement, et déterminer la largeur du pied-droit qui est de 3 modules; ensuite on déterminera la hauteur de l'arcade (145).

148. La largeur de cette arcade étant de 6 modules 6 minutes, il faut prendre 9 modules 9 minutes pour obtenir la hauteur du pied-droit (146).

149. Le centre de l'archivolte se trouve sur la ligne qui détermine la hauteur du pied-droit, la retombée intérieure de l'arête du ceintre doit se raccorder avec le prolongement du nu du pied-droit de l'arcade.

150. Le fût de chaque colonne du second rang est engagé de 9 minutes dans le pied-droit, sur lequel il saille de 3 minutes en sus de son demi-diamètre, afin qu'étant vu de face il paraisse ne pas pénétrer le pied-droit.

151. Le pied-droit présente 6 minutes de saillie sur chaque côté de la partie inférieure du fût. La face du pied-droit, depuis un pilastre ou une colonne, jusqu'au tableau d'une arcade se nomme alette.

152. *Nous avons déjà indiqué ce qu'il faut faire pour tracer le plan des colonnes (99); nous ajouterons ici que, pour obtenir le plan des pieds-droits et des colonnes, il faut porter les dimensions indiquées par les cotes.*

11ᵐᵉ PROBLÈME.

153. Un maître maçon, chargé d'exécuter un entre-colonnement toscan avec portique sans piédestal, de 4 mètres 20 centimètres de hauteur, demande quel sera l'espacement métrique des axes des colonnes; comment devrait-on s'y prendre pour trouver cet espacement?

Solution.

154. On cherchera d'abord la hauteur de la colonne (29) et la longueur du module (25), puis on multipliera la longueur métrique du module par $9\,^1/_2$ (147), pour avoir l'espacement métrique des axes.

$4^m\,20 : 5 = 0^m\,84 \times 4 = 3^m\,36^c$, hauteur de la colonne.
$3^m\,36 : 14 = 0^m\,24^c$, longueur du module.
$0^m\,24 \times 9\,^1/_2 = 2^m\,28^c$, espacement des axes des colonnes.

Exercices.

Lorsqu'il s'agit de tracer un entre-colonnement avec portique, que faut-il faire? (144) Quelle doit être en général la hauteur d'une arcade, selon Vignole? (145) Quelle doit être en général la hauteur du pied-droit selon Vignole? (146) Que faut-il faire pour dessiner un entre-colonnement toscan avec portique sans piédestal, la hauteur étant donnée? (147 et 148) Où se trouve le centre d'un archivolte et avec quoi la retombée intérieure de l'arête du ceintre doit-

lle se raccorder? *(149)* Pourquoi dans l'ordre
oscan, le fût de chaque colonne du second
ang saille-t-il de 3 minutes en sus de son demi-
liamètre? *(150)* Quelle saillie présente le pied-
lroit sur chaque côté de la partie inférieure du
ût de la colonne toscane? *(151)* Quel nom
orte la face du pied-droit, depuis un pilastre ou
ne colonne jusqu'au tableau de l'arcade? *(151)*
)uelles opérations faut-il faire pour résoudre
e 11me problème? *(154)*

PLANCHE NEUVIÈME.

ENTRE-COLONNEMENT

AVEC PORTIQUE ET PIÉDESTAL.

155. Pour faire le tracé de cet entre-colonnement, il faut d'abord déterminer la hauteur de l'ordre (ici elle est de 0^m 185), et la diviser en 19 parties égales (30).

156. La hauteur du piédestal de la colonne et de l'entablement étant déterminée, on cherche le module (25); on trace ensuite au crayon des lignes qui soient perpendiculaires à celles qui déterminent la hauteur du piédestal, celle de la colonne et celle de l'entablement, et ces perpen-

diculaires, qui doivent être espacées de 12 modules 9 minutes, seront les axes des colonnes; enfin, on tracera le piédestal, la colonne et l'entablement, d'après les méthodes pratiques (pages 45 et 55).

157. La largeur du pied-droit de l'arcade étant de 2 modules de chaque côté de l'axe de la colonne, il reste 8 modules 9 minutes pour l'espacement de l'arcade, dont le double (17 *modules* 6 *minutes*) détermine sa hauteur; le ceintre de l'arcade occupant le $1/4$ de cette hauteur, il reste 13 modules 1 minute $1/2$ pour celle du pied-droit.

158. Le fût de chaque colonne est engagé de 6 minutes dans le pied-droit, en avant duquel il saille de 1 module 6 minutes; chaque pied-droit a 4 modules de largeur, et sa saillie est de 1 module sur chaque côté de la partie inférieure du fût.

159. *Pour tracer le plan des colonnes, des piédestaux et des pieds droits (voir n° 152).*

12ᵐᵉ PROBLÈME.

160. Un architecte voulant exercer l'intelligence d'un de ses élèves, lui propose les questions

suivantes : En supposant un ordre complet avec portique, de 5ᵐ 32 de hauteur, dites : 1° la hauteur métrique du piédestal; 2° l'espacement des arcades. Que doit faire l'élève pour résoudre ce problème?

Solution.

161. Il doit d'abord chercher la hauteur du piédestal (30), ensuite la longueur du module (25) qu'il multipliera par $8\,^3/_4$ (150), pour avoir l'espacement d'une arcade.

5 ᵐ 32 : 19 = 0 ᵐ 28 × 3 = 0 ᵐ 84 ᶜ, hauteur du piédestal.
0 ᵐ 28 × 12 = 3 ᵐ 36 : 14 = 0 ᵐ 24 ᶜ, longueur du module
0 ᵐ 24 × $8\,^3/_4$ = 2 ᵐ 10 ᶜ, espacement d'une arcade.

Exercices.

Que faut-il faire pour tracer un entre-colonnement toscan avec portique et piédestal? (155 158) De combien de minutes le fût de chaque colonne toscane avec portique et piédestal est-il engagé dans le pied-droit? (158) Que faut-il faire pour résoudre le 12ᵐᵉ problème? (161)

ORDRE TOSCAN

SELON PALLADIO.

162. Palladio (*a*) donne aux colonnes des 5 ordres les hauteurs suivantes : le Toscan, 7 diamètres ou 14 modules; le Dorique, 7 diamètres $^1/_2$ ou 15 modules, sans base ; 8 diamètres ou 16 modules avec la base, et même 8 diamètres $^1/_2$ ou

---

(*a*) Palladio (André), né en 1518, mort en 1580, fut élève du célèbre Fontana : il éleva divers monuments à Vicence, sa patrie, exécuta le palais des Doges à Venise, et commença le fameux théâtre de Parme, qui fut achevé par Le Bernin. On lui doit un traité d'architecture dont les principes diffèrent de ceux de Vignole, son contemporain.

17 modules, quand la colonne doit être sur un piédestal : l'Ionique, 9 diamètres ou 18 modules; le Corinthien, 9 diamètres $^1/_2$ ou 19 modules; le Composite, 10 diamètres ou 20 modules. Il divise le module en 30 minutes pour tous les ordres.

PLANCHE DIXIÈME.

BASE,

CHAPITEAU ET ENTABLEMENT.

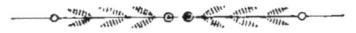

DE LA BASE.

163. La base a 1 module de hauteur et 10 minutes de saillie, à partir du nu du fût.

DU CHAPITEAU.

164. Le chapiteau a 1 module de hauteur et 7 minutes $^1/_2$ de saillie, à partir du nu du fût.

DE L'ENTABLEMENT.

165. L'entablement est le $1/4$ de la colonne, il a 3 modules 15 minutes de hauteur, et se divise en trois parties principales, qui sont : l'architrave, la frise et la corniche.

DE L'ARCHITRÂVE.

166. L'architrave a 1 module 5 minutes de hauteur et 5 minutes de saillie, à partir du nu de la frise.

DE LA FRISE.

167. La frise a 26 minutes $1/2$ de hauteur, et 22 minutes $1/2$ de saillie, à partir de l'axe.

DE LA CORNICHE.

168. La corniche a 1 module 13 minutes $1/2$ de hauteur, et 1 module 13 minutes $1/2$ de saillie, à partir du nu de la frise.

169. *Cette 10me planche présente encore une autre base et un autre chapiteau tirés de l'arène* de Vérone (a), de l'arène et du théâtre de Pola (b); l'imposte et l'archivoste sont aussi tirées des mêmes arènes.

13ᵐᵉ PROBLÈME.

170. On demande 1° quelle est la longueur du module d'une colonne toscane, qui supporte un entablement de 0^m133 de hauteur; 2° quelle est la hauteur de cette colonne.

Solution.

171. Après avoir déterminé la longueur du module (**27**) on détermine la hauteur de la colonne en multipliant la hauteur de l'entablement par 4 (**15**).

$0^m 133 \times 4 = 0^m 532 : 14 = 0^m 038$, longueur du module.
$0^m 133 \times 4 = 0^m 532$, hauteur de la colonne.

(a) Ville considérable de Lombardie, sur l'Adige, patrie présumée de Vitruve.

(b) Petite ville de l'Illyrie, sur l'Adriatique, c'était autrefois la capitale de l'Istrie.

Exercices.

Quelle est la hauteur de la base de la colonne toscane et sa saillie, à partir du nu du fût? *(163)* Quelle est la hauteur du chapiteau toscan et sa saillie, à partir du nu du fût? *(164)* Quelle est la hauteur de l'entablement toscan et en combien de parties se divise-t-il? *(165)* Quelle est la hauteur de l'architrave toscane et sa saillie, à partir du nu de la frise? *(166)* Quelle est la hauteur de la frise toscane et sa saillie, à partir de l'axe? *(167)* Quelle est la hauteur de la corniche toscane et sa saillie, à partir du nu de la frise? *(168)* Que faut-il faire pour résoudre le 13me problème? *(171)*

PLANCHE ONZIÈME.

ENTRE-COLONNEMENT.

172. Pour faire le tracé de cet entre-colonnement, il faut d'abord déterminer sa hauteur (ici elle est de 0^m 280), puis déterminer celle de l'entablement et celle de la colonne (29), et la longueur du module (25).

173. Le module étant trouvé, on porte successivement la hauteur de la base de la colonne, qui qui est de 1 module, celle du fût, qui est de 12 modules, celle du chapiteau, qui est de 1 module,

celle de l'architrave, qui est de 1 module 5 minutes, celle de la frise, qui est de 26 minutes $^1/_2$ et enfin celle de la corniche, qui est de 1 module 13 minutes $^1/_2$.

174. Les axes des colonnes sont espacés de 10 modules.

175. *Pour le tracé du plan des colonnes, voir la méthode pratique (99).*

14me PROBLÈME.

176. On se propose d'élever un entre-colonnement toscan de 7^m 70 de hauteur ; on demande quel sera l'espace des colonnes.

Solution.

177. Pour résoudre ce problème, il faut d'abord déterminer la hauteur de la colonne (29), et la longueur du module (25), puis multiplier cette longueur par 8 (174), et l'on aura l'espacement des colonnes.

7 ^m 70 : 5 = 1 ^m 54 × 4 = 6 ^m 16 : 14 = 0 ^m 44 × 8 = 3 ^m 52, espacement des colonnes.

Exercices.

Comment faut-il faire le tracé d'un entre-colonnement toscan, selon Palladio? (172 et 173) Quel est l'espacement des axes des colonnes d'un entre-colonnement toscan ? (174) Que faut-il faire pour résoudre le 14ᵐᵉ problème? (177)

PLANCHE ONZIÈME BIS.

ENTRE-COLONNEMENT

AVEC PORTIQUE & SOCLE.

178. Le tracé de cet entre-colonnement est le même que celui de la planche 11me, les axes des colonnes sont espacés de 12 modules 25 minutes; il faudra donc employer les mêmes procédés que ceux qui sont indiqués précédemment (172 et 173).

179. Le pied-droit a 1 module 26 minutes de largeur, à partir de l'axe de la colonne, et 10 mo-

dules 14 minutes de hauteur ; l'arcade a 9 modules 2 minutes d'espacement, d'un pied-droit à l'autre, et 15 modules de hauteur.

180. Le fût de la colonne est engagé dans le pied-droit de 1 module, et il saille en avant de 1 module.

181. *Les lignes ponctuées qui sont dans les arcades indiquent comment on doit disposer et asseoir les pierres.*

15me PROBLÈME.

182. Un entrepreneur de maçonnerie, chargé d'élever un entre-colonnement avec portique de 4 mètres 90 centimètres de hauteur, demande 1° quelle sera la hauteur de la colonne ; 2° celle de l'arcade ; 3° quel sera l'espacement des pieds-droits.

Solution.

183. Pour faire cette opération, il faut d'abord déterminer la hauteur de la colonne (29) et la longueur du module (25), puis multiplier la lon-

gueur métrique de ce module par le nombre de modules compris entre la ligne de terre et le ceintre de l'arcade (179), et faire une opération analogue pour obtenir l'espacement des pieds-droits (179).

4ᵐ 90 : 5 = 0ᵐ 98 × 4 = 3ᵐ 92, hauteur de la colonne.
3ᵐ 92 : 14 = 0ᵐ 28, longueur du module.
0ᵐ 28 × 15 = 4ᵐ 20, hauteur de l'arcade.
0ᵐ 28 × 9 $^1/_{15}$ = 2ᵐ 538 $^2/_3$ espacement des pieds-droits.

DE L'ORDRE DORIQUE

EN GÉNÉRAL.

184. Cet ordre, selon quelques auteurs, tire son nom des peuples de la Doride, petite contrée de l'Asie-Mineure ; d'autres prétendent qu'il lui vient de Dorus, roi d'Achaïe, qui bâtit le premier, dans Argos, un temple de cet ordre et le dédia à Junon.

185. L'ordre dorique a donné la première idée de l'architecture régulière; toutes ses parties sont fondées sur la position naturelle des corps ; ce que nous avons dit (68) de son caractère viril consiste principalement en ce qu'il réunit la force et la beauté du corps de l'homme; et, comme dans celui-ci, le pied est à peu près la 7me partie de sa hauteur, de même, la colonne dorique a 7 diamètres de haut, ou 14 modules, sans y comprendre le chapiteau et la base.

186. Il y a dans cet ordre deux entablements différents : le premier, qui est tiré des antiquités romaines, est appelé mutulaire, parce qu'il est orné de mutules (*a*), représentant les solives qui servaient à soutenir la toiture; les gouttes que l'on place au-dessous représentent l'eau qui en découlait goutte à goutte.

187. Le second entablement, nommé denticulaire, parce qu'il est orné de denticules (*b*) est tiré du théâtre de Marcellus, à Rome ; il diffère du premier par son architrave, qui n'a qu'une seule plate-bande; par sa corniche, qui a un talon, au

---

(*a*) Espèces de larmiers saillants qui servent de couronnement aux triglyphes.

(*b*) Ornement dans une corniche, taillé en manière de dents.

lieu d'un quart de rond, des denticules, en place de métopes, et un cavet, en place de doucine.

188. L'opinion la plus commune est que ces entablements tirent leur origine de la construction primitive des planchers et des toits ; l'architrave représente les pièces de bois horizontales qu'on mettait d'un pilier à l'autre, pour soutenir le plancher ; la corniche n'est qu'une représentation de la saillie qu'on donnait à l'extrémité des pièces de bois inclinées qui formaient le toit, afin de faciliter l'écoulement des eaux, sans faire tort au bâtiment.

189. Dans la frise dorique, les triglyphes représentent le bout des solives qu'on posait sur champ, pour former les planchers ; les métopes, l'espace parfaitement carré qui existait entre ces solives ; les canaux des triglyphes représentent l'eau que rendait le bout de ces solives, qui étaient coupées et mises en place presque en même temps ; cette eau qui coulait goutte à goutte est représentée par des ornements taillés en forme de petites pyramides ou cônes tronqués, que l'on nomme aussi gouttes, en mémoire de ce qu'ils rappellent.

190. Pour décorer une frise dorique, il faut remarquer : 1° Que les triglyphes ont un module de largeur ; 2° qu'ils sont divisés en canaux et en demi-canaux ; 3° qu'on doit toujours placer un triglyphe à plomb de chaque colonne ; et 4° que les métopes qui servent d'espacement aux triglyphes doivent avoir pour côté la hauteur de la frise.

191. Le fût de la colonne est quelquefois orné de vingt cannelures ou cavités circulaires, creusées le long de sa masse ; ces cannelures se touchent l'une l'autre et forment de vives arêtes.

Exercices.

D'où l'ordre dorique tire-t-il son nom ? (184) Qui est-ce qui a donné la première idée de l'architecture régulière ? (185) Sur quoi sont fondées toutes les parties de l'ordre dorique ? (185) Combien y a-t-il d'entablements doriques ? (186) D'où est tiré le premier entablement dorique ? (186) D'où le second entablement dorique est-il tiré ? (187) D'où les entablements doriques tirent-ils leur origine ? (188) Que représente l'architrave dorique? *(188)* Que représente la corniche dorique? *(188)* Que représente les triglyphes? *(189)* Que représentent les métopes? *(189)* Que représentent les canaux des triglyphes? *(189)* Que faut-il remarquer pour décorer une frise dorique? *(190)* De quoi le fût de la colonne est-il quelque fois orné? *(191)*

ORDRE DORIQUE

SELON VIGNOLE.

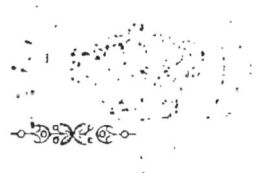

OBSERVATIONS.

192. *Il est important que les élèves s'exercent d'abord à tracer les détails contenus dans les planches 15 à 19 inclusivement, ainsi que ceux de la planche 21, afin de se familiariser avec la forme des ornements de l'ordre dorique, et de s'exercer à la méthode indiquée pour les tracer avec une parfaite régularité. Sans cette précaution, ils ne comprendraient pas le rapport qui existe entre ces divers ornements, et ils ne*

réussiraient pas à bien rendre les planches 12, 13 et 14 dont le tracé, très minutieux, doit être fait avec beaucoup de délicatesse.

193. Cette marche n'a pas été suivie dans les planches de l'ordre toscan, à cause de son extrême simplicité et des méthodes pratiques qui y sont insérées, pages 45 et 55.

PLANCHE DOUXIÈME.

PIÉDESTAL ET BASE

DE LA COLONNE DE L'ORDRE DORIQUE.

DU PIÉDESTAL.

194. Le piédestal est le tiers de la hauteur de la colonne (15); il a 5 modules 4 minutes de hauteur, et se divise en trois parties principales, qui sont : la base, le socle et la corniche (5).

DE LA BASE DU PIÉDESTAL.

195. Cette base a 10 minutes de hauteur et 4 minutes $^1/_2$ de saillie, à partir du nu du socle.

DU SOCLE.

196. Le socle a 4 modules de hauteur et 1 module 5 minutes de saillie, à partir de l'axe B E.

DE LA CORNICHE DU PIÉDESTAL.

197. Cette corniche a 6 minutes de hauteur et 6 minutes de saillie, à partir du nu du socle.

DE LA BASE DE LA COLONNE.

198. La base de la colonne a 1 module de hauteur et 5 minutes de saillie, à partir du nu du fût.

199. *Pour la hauteur et la saillie des moulures, voyez n°s 59 et 61.*

200. *Cette 12me planche présente encore le plan de la base de la colonne, la moitié du plan renversé du plafond de la corniche du piédestal, et la moitié du plan de la base du piédestal.*

201. *Pour tracer ces différents plans, il faut recourir aux n°s 99 et 100, en tenant compte de la différence des cotes.*

202. *Pour faire le plan des cannelures, il faut recourir à la planche 21me, tant pour le nombre que pour la manière de les tracer, qui est indiquée dans l'usage de l'échelle.*

16me PROBLÈME.

203. Un professeur demandait à ses élèves quelle devait être la hauteur d'un piédestal destiné à porter une colonne dorique de 0^m 48 de diamètre, dans sa partie inférieure. Quels moyens ont employés ceux d'entre eux qui ont bien répondu à cette question.

Solution.

204. Ils ont d'abord divisé le diamètre inférieur de la colonne par 2, pour avoir le module, puis ils ont multiplié le quotient par 5 $\frac{1}{3}$ (194) pour avoir la hauteur métrique du piédestal.

0^m 48^c : 2 = 0^m 24^c × 5 $\frac{1}{3}$ = 1^m 28^c, hauteur du piédestal.

Exercices.

Quelle est la hauteur du piédestal dorique et en combien de parties se divise-t-il ? (194) Quelle est la hauteur de la base du piédestal dorique et sa saillie, à partir du nu du socle ? (195) Quelle est la hauteur du socle dorique et sa saillie, à partir de l'axe ? (196) Quelle est la hauteur de la corniche du piédestal dorique et sa saillie, à partir du nu du socle ? (197) Quelle est la hauteur de la base de la colonne dorique et sa saillie, à partir du nu du fût ? (198) Que faut-il faire pour résoudre le 16me problème ? (204)

PLANCHE TREIZIEME.

ENTABLEMENT ET CHAPITEAU

DE L'ORDRE DORIQUE MUTULAIRE.

DE L'ENTABLEMENT.

205. Cet entablement est le quart de la colonne (15), il a 4 modules de hauteur, et se divise en trois parties principales, qui sont : l'architrave, la frise et la corniche (5).

DE L'ARCHITRAVE.

206. L'architrave a 1 module de hauteur, et 2 minutes de saillie, à partir du nu de la frise.

DE LA FRISE.

207. La frise a 1 module 6 minutes de hauteur, et 10 minutes de saillie, à partir de l'axe.

DE LA CORNICHE.

208. La corniche a 1 module 6 minutes de hauteur, et 2 modules de saillie, à partir du nu de la frise.

DU CHAPITEAU.

209. Le chapiteau a 1 module de hauteur, et 5 minutes $1/2$ de saillie, à partir du nu du fût.

210. *Pour les triglyphes et les métopes, voir n° 193, et, pour la hauteur et la saillie des moulures, 59 et 61.*

211. *Cette 13ᵐᵉ planche présente aussi la moitié du plan renversé du chapiteau et du plafond de la corniche ; les lignes ponctuées qui partent de la naissance et de l'extrémité des moulures, rendent facile le tracé de ces deux plans ; celui du chapiteau doit être exécuté le premier.*

212. *Pour bien comprendre la coupe et les proportions de la corniche, il faut recourir aux détails de la planche 16me, qui doit avoir été faite précédemment (192).*

213. *Le tracé de l'ornement ne doit être entrepris que lorsque tout ce qui n'est pas ornement est entièrement terminé à l'encre.*

17me PROBLÈME.

214. On demande comment on obtiendra la hauteur d'un entablement dorique, dont les tryglyphes doivent avoir chacun 0 ^m, 34 de largeur.

Solution.

215. On multipliera la largeur d'un trygliphe par 4 (205), pour obtenir la hauteur de l'entablement.

$0^m\ 34^c \times 4 = 1^m\ 36^c$, hauteur de l'entablement.

Exercices.

Quelle est la hauteur de l'entablement de l'ordre dorique mutulaire et en combien de parties se divise-t-il? (305) Quelle est la hauteur de l'architrave de l'ordre dorique mutulaire et sa saillie, à partir du nu de la frise? (206) Quelle est la hauteur de la frise de l'ordre dorique mutulaire et sa saillie, à partir de l'axe? (207) Quelle est la hauteur de la corniche de l'ordre dorique mutulaire et sa saillie, à partir du nu de la frise? (208) Quelle est la hauteur du chapiteau de l'ordre dorique mutulaire et sa saillie, à partir du nu du fût? (209) Que faut-il faire pour résoudre le 17me problème? (215)

PLANCHE QUATORZIÈME.

ENTABLEMENT ET CHAPITEAU

DE L'ORDRE DORIQUE DENTICULAIRE.

DE L'ENTABLEMENT.

216. Cet entablement est le tiers de la colonne (15), sa hauteur est de 4 modules, et se divise en trois parties principales, qui sont : l'architrave, la frise et la corniche (5).

DE L'ARCHITRAVE.

217. L'architrave a 1 module de hauteur, et 1 minute $1/2$ de saillie, à partir du nu de la frise.

DE LA FRISE.

218. La frise a 1 module 6 minutes de hauteur et 10 minutes de saillie, à partir de l'axe.

DE LA CORNICHE.

219. Cette corniche a **1** module 6 minutes de hauteur, et **2** modules de saillie, à partir du nu de la frise.

DU CHAPITEAU.

220. Le chapiteau a **1** module de hauteur, et 5 minutes $1/2$ de saillie, à partir du nu du fût.

221. *Pour la hauteur et la saillie des moulures, voir n° 59 et 61.*

222. *Cette planche, comme la précédente, présente la moitié du plan renversé du chapiteau et du plafond de la corniche, et la coupe de celle-ci. Pour faire le tracé de l'un et de l'autre, il faut examiner les lignes ponctuées, placées à la naissance et à l'extrémité des moulures, et recourir aux détails qu'on a dû exécuter d'après la planche 17me.*

18me PROBLÈME.

223. Comment obtiendrait-on la hauteur d'un entablement dorique, qui doit avoir $0^m,46$ de saillie, à partir du nu de la frise?

Solution.

224. La saillie de cet entablement, à partir du nu de la frise, étant de 2 modules, et sa hauteur, de 4, il suffira de multiplier la saillie donnée par 2, pour obtenir cette hauteur.

$0^m\,46^c \times 2 = 0^m\,92^c$, hauteur de l'entablement.

Exercices.

Quelle est la hauteur de l'entablement de l'ordre dorique denticulaire, et en combien de parties se divise-t-il ? (216) Quelle est la hauteur de l'architrave de l'ordre dorique denticulaire et sa saillie, à partir du nu de la frise ? (217) Quelle est la hauteur de la frise de l'ordre dorique denticulaire et sa saillie, à partir de l'axe ? (218) Quelle est la hauteur de la corniche de l'ordre dorique denticulaire et sa saillie, à partir du nu de la frise ? (219) Quelle est la hauteur du chapiteau de l'ordre dorique denticulaire et sa saillie, à partir du nu du fût ? (220) Que faut-il faire pour résoudre le 18me problème ? (224)

PLANCHE QUINZIÈME.

DIVERS DÉTAILS.

225. Cette planche contient les coupes et les détails des parties d'ordre représentées dans la planche 12me et la coupe du chapiteau de la planche 13me. Le centre des arcs y est indiqué par des lignes ponctuées, pour faciliter le tracé des moulures.

PLANCHE SEIZIÈME.

COUPE ET DÉTAIL

DE L'ENTABLEMENT MUTULAIRE.

226. Cette planche contient la coupe et les détails de l'entablement dorique mutulaire, et la méthode pratique pour tracer les gouttes dans une juste proportion.

227. Pour dessiner les gouttes de l'architrave, il faut d'abord prolonger, par des lignes au crayon, l'arête extérieure des canaux, ces lignes serviront d'axe à chaque goutte; tracer ensuite, sur ces axes,

des triangles isocèles de 1 minute de $^2/_3$ de base, et de 2 $^1/_2$ minutes de hauteur; ces triangles doivent être tronqués à 1 $^1/_2$ minute de leur base (a). Le chapiteau des gouttes, qui a $^1/_2$ minute de hauteur, doit être terminé par une ligne oblique, parallèle au côté des gouttes, comme on peut le voir sur la planche même. La saillie des gouttes et celle de leur chapiteau doivent être de $^5/_6$ de minutes, à partir de l'axe desdites gouttes.

228. L'espace destiné à recevoir les gouttes de la mutule doit toujours être de 1 module, sur lequel il faut tracer 7 divisions de $^2/_7$ de minute, et 6 autres de 1 minute $^2/_5$; ces dernières seront la base d'autant de triangles équilatéraux, qu'il faudra tronquer à $^1/_2$ minute de ladite base.

229. *Quant à la coupe du caisson, au profil et au plan des triglyphes, et au plan des gouttes, la seule inspection de la planche suffira pour faire comprendre la manière de les tracer.*

(a) Il est bien entendu que les triangles dont on parle ici, parce qu'ils paraissent tels sur le papier, sont en réalité des pyramides ou des cônes, dont le sommet a été tronqué.

Exercices.

Indiquez la manière de dessiner les goûttes de l'architrave ? (227) Quel est l'espace destiné à recevoir les gouttes de la mutule et quelle est la manière de les tracer ? (228)

PLANCHE DIX-SEPTIÈME.

COUPE ET DÉTAILS

DE L'ENTABLEMENT DENTICULAIRE.

230 Cette planche contient la coupe et les détails de l'entablement dorique denticulaire *(pl. 14ᵐᵉ)*.

231. La méthode à suivre pour tracer les gouttes du larmier ne diffère pas de celle qui a été indiquée pour tracer les gouttes de la mutule. Il suffit de savoir que l'espace destiné à recevoir les gouttes dont il s'agit ici, est toujours de 8 minutes ; il doit contenir 4 divisions de $^1/_2$ minute, et trois de 2 minutes ; ces dernières sont la base d'autant de triangles équilatéraux, qui doivent être tronqués, comme ceux de la mutule *(pl.* 16me*)*, à $^1/_2$ minute de leur base.

PLANCHE DIX-HUITIÈME.

DÉTAIL DU CHAPITEAU

DE LA PLANCHE QUATORZIÈME.

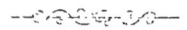

232. A l'égard des planches qui contiennent des ornements, il faut en faire le tracé, tant au crayon qu'à l'encre, comme si l'ordre en était dépourvu, et ne s'occuper des ornements que quand tout ce qui n'en est pas, est entièrement terminé.

233. Il faut commencer la partie de l'ornement

par faire le tracé des rais-de-cœur (*a*), traçant d'abord au crayon les lignes qui en déterminent la hauteur et l'espacement.

234. Pour avoir l'écartement de ceux qui sont dans le plan et dans l'élévation du chapiteau, il faut compter combien il y en a dans toute la longueur, et la diviser en un nombre double de celui qu'on aura trouvé ; ici, par exemple, il y en a 19 entiers, et deux moitiés cachées sous les feuilles qui recouvrent les encoignures, total 20 ; il faut donc diviser cette longueur en 40 parties égales.

235. Pour les rais-de-cœur qui sont dans la corniche, leur écartement est déterminé par les denticules, comme on peut le voir par les lignes verticales ponctuées.

236. Tous ces préparatifs étant terminés, on trace de suite, au crayon, toutes les parties semblables ; quand les rais-de-cœur sont parfaitement terminés, on les passe à l'encre.

(*a*) On appelle ainsi des ornements composés de fleurons et de feuilles d'eau, en forme de cœurs évidés, qui se taillent sur les talons.

237. Le tracé à l'encre doit d'abord être fait très fin, quand il est terminé, on grossit les parties qui doivent être ombrées, évitant de faire les ombres trop fortes; car il est plus facile de fortifier ce qui est trop faible, que d'affaiblir ce qui est trop fort.

238. Pour faire le tracé des oves (*a*) du plan, on trace d'abord les lignes qui en déterminent la hauteur et l'écartement, de manière à ce qu'il se trouve un ove au-dessus de chaque cannelure, et un dard au-dessus de chaque vive arête; on tracera ensuite la partie droite de chaque dard, puis successivement le grand contour de chaque ove, le petit contour, le contour intermédiaire et on terminera les dards; quand tous les oves et les dards sont entièrement terminés au crayon, on les passe à l'encre.

239. Pour déterminer les oves qui sont dans l'élévation du chapiteau, on tire d'abord, du milieu de la partie supérieure, et du milieu de la partie

---

(*a*) Ce sont des ornements de forme ovale qui décorent les quarts-de-rond.

inférieure de chaque ove du plan, des lignes parallèles à l'axe, pour déterminer l'inclinaison des oves qui sont à tracer, et pour marquer le milieu de leur partie inférieure et de leur partie supérieure. On fait ensuite passer, par les extrémités de chaque contour des oves et des dards du plan, des lignes parallèles aux précédentes; celles-ci détermineront les contours des oves et des dards qui sont dans l'élévation; on doit tracer ces divers contours dans le même ordre que ceux du plan. *Le tracé à l'encre doit se faire d'après le n° 237.*

PLANCHE DIX-NEUVIÈME.

DÉTAILS DES ROSACES

DES PLANCHES TREIZIÈME & QUATORZIÈME.

240. Il faut commencer par tracer tous les encadrements des rosaces au crayon, puis à l'encre; après quoi, il faut tracer les lignes droites qui déterminent l'écartement et le milieu des feuilles et les lignes circulaires qui en déterminent la dimension, le tout d'après les cotes indiquées sur la planche; on fera ensuite la première, puis la deuxième ébauche des rosaces, comme on le voit dans la partie inférieure de chacune d'elles; quand toutes ces ébauches sont parfaitement terminées, on fait le détail des feuilles au crayon, et après l'avoir fini, on passe le tout à l'encre (237).

PLANCHE VINGTIÈME.

FRONTON

VU DE FACE, DE PROFIL, & SUR LA COUPE D G.

241. Cette planche, renfermant les mêmes parties que la planche 5me, il est inutile d'en répéter l'explication. Il faut seulement relire ce qui a été dit, n°s 122 à 129, des divers aspects du fronton, et observer la méthode indiquée sur la planche même pour en déterminer la hauteur.

242. Quant à la manière de faire le tracé des moulures et des caissons qui se trouvent dans la

corniche rampante de la figure troisième, il faut tirer des lignes au crayon, à des distances égales aux lignes ponctuées qui sont dans le tympan, figure première ; elles détermineront la hauteur du plafond et du profil des mutules, ainsi que la hauteur de la partie des caissons que l'on aperçoit.

ÉCHELLE

POUR

DÉTERMINER LE RENFLEMENT DES COLONNES CANNELÉES A VIVE ARÊTE (a).

243. Décrivez d'abord une circonférence d'un diamètre arbitraire, *Fig.* 1re; divisez-la en 20 par-

---

(a) Lorsqu'un élève dessine cette planche, ainsi que la suivante, il doit tracer l'échelle, qui sert à déterminer les cannelures, sur un papier séparé, et la conserver pour déterminer les cannelures des colonnes qu'il dessinera dans la suite.

ties égales, de manière que deux d'entre elles soient divisées en deux sections égales par le diamètre A B, et joignez par une droite chacun des points de division au centre du cercle ; tracez ensuite, hors de la circonférence, une ligne indéfinie C D, parallèle à A B ; des points A, E, F,.... et B, menez perpendiculairement à C D, les droites A C, E a', F b',.... et B D : les perpendiculaires A C et B D détermineront la longueur de la ligne C D, qui sera égale à A B. Construisez sur cette ligne C D, un triangle équilatéral C i D et joignez, au sommet i du triangle, tous les points de division a', b', c', d', etc.

USAGE DE CETTE ÉCHELLE.

244. Pour tracer les cannelures du plan inférieur, il faut avec la moitié du diamètre $a\ b$, *Fig.* 2me ou a'', b'', *Fig.* 3me, comme rayon, et du point m', *Fig.* 1re, comme centre, décrire une circonférence ; tous les points de division E', F', G', etc., qui se trouvent sur cette circonférence, sont ceux qu'il faut porter sur celle du plan inférieur de chaque colonne. Les cannelures du plan supérieur se tracent de la

même manière. Le creux des cannelures à vive arête se trace par le moyen du triangle équilatéral curviligne.

245. Soient maintenant à tracer les cannelures sur l'élévation de la colonne *Fig.* 2me. Après avoir déterminé le renflement de la colonne comme il est expliqué à la *Planche* 6me *Fig.* 1re (*Atlas* 1re *Livraison*) portez le diamètre ab de i en v et en x, *Fig.* 1re, et joignez les points v x par une ligne droite : les points de division qui se trouvent sur cette ligne sont ceux qu'il faut porter sur les diamètres ab et $e''f''$; joignez ces points par des droites et le premier tiers du fût sera cannelé; pour canneler les deux autres tiers, faites avec les diamètres $g''h''$, $i''j''$,.... et cd la même opération que vous avez faite avec le diamètre ab; les points de division que vous obtiendrez sur chacun d'eux, indiquent le passage des courbes qui détermineront les cannelures.

REMARQUES.

1° *On ne peut déterminer exactement ces courbes qu'en menant un grand nombre de diamètres* intermédiaires aux précédents sur lesquels on marquerait des points de division par la méthode ci-dessus, et ensuite on joindrait ces points par des lignes courbes tracées à la main. Ici, pour abréger, on s'est contenté de joindre par des droites les divisions des diamètres g" h"...... et C D.

2° *Comme les procédés que l'on vient d'indiquer sont difficiles à exécuter, lorsque les colonnes sont de petite dimension, on peut alors ne tracer les cannelures qu'au moyen de lignes droites comme on le voit à la figure* 3me *; alors on divise seulement le diamètre inférieur* (que l'on porte aussi au tiers de la colonne), *et le diamètre supérieur.*

PLANCHE VINGT-DEUXIÈME.

ÉCHELLLE

POUR

DÉTERMINER LE RENFLEMENT DES COLONNES CANNELÉES A COTES.

---

246. Décrivez une circonférence d'un diamètre arbitraire, *Fig.* 1re, divisez-la en 24 parties égales, à partir du point A, pris à volonté ; ensuite de chaque point de division, comme centre, et d'un rayon égal aux $^5/_8$ de l'une de ces parties, décrivez des arcs de cercle qui se terminent à la circonférence, et joignez les extrémités de ces arcs au centre L' de la circonférence; menez ensuite, hors de la circonférence, une ligne indéfinie C D, parallèle à A B; des points A, E, F, G,...... et B, menez perpendiculairement à C D, les droites A C, E a'', F b'',.... et B D : les perpendiculaires A C et B D détermineront la longueur de la ligne C D, qui sera égale à A B; construisez sur cette ligne C D, un triangle équilatéral C e D et joignez, au sommet e du triangle; tous les points de division a'', b'', c'' d'', etc.

USAGE DE CETTE ÉCHELLE.

247. Pour tracer les cannelures du plan inférieur, il faut, avec la moitié du diamètre a b, *Fig.* 2me, ou o' p', *Fig*. 3me comme rayon, et du point L' *Fig*. 1re, comme centre, décrire une circonférence; les points M', O', P', etc., formés par la rencontre des lignes ponctuées avec cette circonférence, sont ceux qu'il faut porter sur celle du plan inférieur de chaque colonne, à partir des points E' et F'; ensuite, de chacun des points de division

comme centre, et d'un rayon égal à l'arc M', N', décrivez des arcs de cercle qui se terminent à la circonférence : vous aurez 24 cannelures ayant chacune $3/4$ de la 24me partie de cette circonférence et 24 côtes de chacune $1/4$.

284. Soit maintenant à tracer les cannelures sur l'élévation de la colonne *Fig.* 2me. Après avoir déterminé le renflement de la colonne, comme il est expliqué à la *Planche* 6me, *atlas Fig.* 1re (1re *livraison*), portez le diamètre $a\,b$, de e en t et en u, et joignez les points $t\,u$, par une droite; les points de division qui se trouvent sur cette droite sont ceux qu'il faut porter sur le diamètre $a\,b$ et $a'\,b'$; joignez-les par des droites, tracez les courbes et le premier tiers du fût sera cannelé. Pour canneler les deux autres tiers, faites avec les diamètres $c'\,d'$, $e'\,f'$,.... et $c\,d$ la même opération que vous avez faite avec le diamètre $a\,b$; les points de division que vous porterez sur chacun d'eux, sont ceux qui indiquent par où doivent passer les courbes destinées à déterminer les cannelures. *Pour le reste voir les remarques de la Planche* 21me.

PLANCHE VINGT-TROISIÈME.

AUTRE MANIÈRE

DE

DÉTERMINER LE RENFLEMENT DES COLONNES CANNELÉES.

249. Après avoir déterminé le renflement de la colonne, d'après la manière indiquée *Planche* 6me *Fig.* 1re (1re livraison), et déterminé les divisions D, S, T....F d'après la méthode enseignée, *Planche* 21me *Fig.* 1re, il faut faire passer par les points D, S, T....F des parallèles à l'axe A B;

porter le rayon D B, de R, R', R", etc. en d, d', d", et joindre les points *d* R, *d'* R', *d"* R", etc. par des droites prolongées jusqu'à la rencontre de la ligne E F; tirer par les points J, J', J", etc. des parallèles aux lignes G R, G' R', G" R", etc. prolongées jusqu'à la rencontre de la ligne A B; enfin joindre les points *e*, *e'*, *e* ', etc., *f*, *f'*, *f"*, etc., *g*, *g'*, *g"*, etc., *h*, *h'*, *h"*, etc., *i*, *i'*, *i"*, etc., aux points *d*, *d'*, *d"*, etc. : les intersections M, M', M", etc., N, N', N", etc., O, O', O", etc. P, P', P", etc., désigneront les points par où doivent passer les courbes qui détermineront les cannelures.

250. Pour déterminer les autres courbes, il faut porter *n* M de *n* en L, *n* N de *n* en K etc., *n'* M' de *n'* en L'; *n'* N' de *n'* en K', etc., ainsi de suite pour tous les autres points de section. *Pour le reste voir les remarques de la Planche* 21me.

PLANCHE VINGT-QUATRIÈME.

ENTRE-COLONNEMENT.

251. Pour tracer un entre-colonnement dorique, il faut commencer par déterminer sa hauteur (ici elle est de 0ᵐ 281). Puis chercher la hauteur de l'entablement, celle de la colonne (29) et la longueur du module (25); après cela, on doit porter la hauteur de la base de la colonne, qui est de 1 module, puis celle du chapiteau, également de 1 module; il en restera 14 pour la hauteur du fût. On portera aussi celle de l'architrave qui est

de 1 module, celles de la frise et de la corniche qui sont chacune de 1 module 6 minutes.

252. L'entre-colonnement dorique est toujours déterminé par les triglyphes; ici il a 5 modules 6 minutes, d'une colonne à l'autre, ou bien 7 modules 6 minutes, d'axe en axe.

253. *Quand on a ainsi préparé le tracé de la copie, on porte la hauteur et la saillie des moulures comme il est indiqué par les cotes.*

254. *Pour tracer le plan des colonnes et des cannelures, voir* 201 *et* 202.

19.me PROBLÈME.

255. On demande quel sera l'espacement métrique des colonnes d'un entre-colonnement dorique, si l'ordre a 4 mètres de hauteur. Quelles opérations faut-il faire?

Solution.

256. Il faut chercher la hauteur de la colonne (29) et la longueur du module (25), qu'on multi-

pliera par $5\,^1/_2$ (252), pour obtenir l'espacement des colonnes.

$4^m : 5 = 0^m\,80 \times 4 = 3^m\,20$, hauteur de la colonne.
$3^m\,20 : 16 = 0^m\,20$, longueur du module.
$0^m\,20 \times 5\,^1/_2 = 1^m\,10$, espacement des colonnes.

Exercices.

Que faut-il faire pour tracer un entre-colonnement dorique? (251) Par quoi les entre-colonnements doriques sont-ils toujours déterminés? (252) Que faut-il faire pour résoudre le 19me problème? (256)

PLANCHE VINGT-CINQUIÈME.

ENTRE-COLONNEMENT

AVEC PORTIQUE SANS PIÉDESTAL.

257. Pour dessiner un entre-colonnement dorique sans piédestal, il faut déterminer sa hauteur (ici elle est de $0^m 252$), puis opérer comme pour l'entre-colonnement sans portique (251).

258. Les entre-colonnements doriques sont déterminés par les triglyphes (252). Il faut donc connaître le nombre de ceux qui doivent être entiers entre chaque axe; ici il y en a 3, non

compris les deux moitiés de ceux qui se trouvent partagés par les axes des colonnes, total 4 triglyphes et 4 métopes ; les triglyphes ayant chacun 1 module de largeur, et les métopes, 1 module 6 minutes, on a en tout 10 modules, d'axe en axe.

259. Chaque pied droit a 1 module 6 minutes de largeur, à partir de l'axe de la colonne ; il reste 7 modules pour l'espacement de l'arcade. On double cet espacement, et on a 14 modules pour la hauteur totale de l'arcade, et par conséquent 10 modules 6 minutes, pour celle du pied droit (145 et 146).

260. Le fût de la colonne est engagé dans le pied droit de 9 minutes, et il saille de 1 module 3 minutes.

261. *Pour tracer le plan des colonnes, des pieds droits et des marches, il faut revoir ce qui a été dit n° 152.*

20ᵐᵉ PROBLÈME.

262. Les axes d'un entre-colonnement avec

portique sont espacés de 3ᵐ 90. Quelle est 1° la hauteur de la colonne ; 2° celle de l'entablement ?

Solution.

263. Les axes des colonnes ayant 10 modules d'espacement, l'élève divisera l'espacement donné par 10, pour obtenir le module ; il le multipliera ensuite par 16 (10), pour avoir la hauteur de la colonne ; enfin, il divisera celle-ci par 4 (15), et le quotient donnera la hauteur de l'entablement.

3ᵐ 90 : 10 = 0ᵐ 39 × 16 = 6ᵐ 24, hauteur de la colonne.
6ᵐ 24 : 4 = 1ᵐ 56, hauteur de l'entablement.

Exercices.

Que faut-il faire pour dessiner un entre-colonnement dorique sans piédestal? (257) Par quoi les entre-colonnements doriques sont-ils déterminés? (258) Que faut-il faire pour résoudre le 20ᵐᵉ problème? (263)

PLANCHE VINGT-SIXIÈME.

ENTRE-COLONNEMENT

AVEC PORTIQUE & PIÉDESTAL.

264. Pour faire le tracé d'un entre-colonnement dorique avec portique et piédestal, il faut d'abord déterminer la hauteur totale de l'ordre (ici elle est de 0^m250), chercher ensuite la hauteur du piédestal, celle de la colonne, et celle de l'entablement (30), et la longueur du module (25); puis porter la hauteur de la base du piédestal, qui est de 10 minutes, celle du socle, qui est de 4 modules, et celle de la corniche du piédestal, qui est de 6 minutes.

265. L'espacement des axes des colonnes est de 15 modules, résultat de la valeur réunie des cinq triglyphes entiers, des deux demi-triglyphes, et des six métopes; chaque pied-droit a 2 modules 6 minutes de largeur, à partir de l'axe ; le double de cette largeur étant déduit, il restera 10 modules, pour l'espacement des pieds-droits ; le double de cet espacement donnera 20 modules pour la hauteur totale de l'arcade; les $^3/_4$ de cette hauteur donneront celle du pied-droit, qui est ici de 15 modules.

266. Le fût de la colonne est engagé de 3 minutes dans le pied-droit, et il saille de 1 module 9 minutes.

267. L'épaisseur du pied-droit dépend du poids qu'il a à soutenir.

268. *Pour tracer le plan de l'entre-colonnement dorique, voir le n° 152.*

21me PROBLÈME.

269. On demande : 1° Quelle est la hauteur d'un entre-colonnement avec portique et pié-

destal, et 2° Quel est l'espacement des axes des colonnes, si le piédestal a 1ᵐ, 60 de hauteur.

Solution.

270. Pour faire cette opération, il faudra d'abord diviser la hauteur du piédestal par 4 (24), et multiplier le quotient par 19 (24); on obtiendra ainsi la hauteur de l'ordre complet; chercher ensuite la longueur du module (26), que l'on multipliera par 15 (265) : le produit donnera l'espacement des axes des colonnes.

1 ᵐ 60 : 4 = 0 ᵐ 40 × 19 = 7 ᵐ 60, hauteur de l'ordre complet.

1 ᵐ 60 × 3 = 4 ᵐ 80 : 16 = 0 ᵐ 30 × 15 = 4 ᵐ 50, espacement des axes des colonnes.

Exercices.

Que faut-il faire pour tracer un entre-colonnement dorique avec portique et piédestal? (264) Quel est l'espacement des axes d'un entre-colonnement avec portique et piédestal? (265) Quelles opérations faut-il faire pour résoudre le 21ᵐᵉ problème? (270)

ORDRE DORIQUE

SELON PALLADIO.

PLANCHE VINGT-SEPTIÈME.

PIÉDESTAL ET BASE

DE LA COLONNE DE L'ORDRE DORIQUE.

DU PIÉDESTAL.

271. Le piédestal a 4 modules 20 minutes de hauteur; il se divise en trois parties principales, qui sont : la base, le socle et la corniche (5).

DE LA BASE DU PIÉDESTAL.

272. La base du piédestal a 1 module 9 minutes $1/2$ de hauteur, et 16 minutes de saillie, à partir du nu du socle.

DU SOCLE.

273. Le socle a 2 modules 20 minutes $1/2$ de hauteur, et 1 module 10 minutes de saillie, à partir de l'axe.

DE LA CORNICHE DU PIÉDESTAL.

274. La corniche a 20 minutes de hauteur, et 16 minutes de saillie, à partir du nu du socle.

DE LA BASE DE LA COLONNE.

275. La base de la colonne a 1 module de hauteur, et 10 minutes de saillie, à partir du nu du fût.

276. *Cette* 27me *planche présente encore le plan de la base de la colonne, la moitié du plan renversé de la corniche du piédestal, la moitié du plan de la base du piédestal, et les détails de l'imposte et de l'archivolte.*

277. *Pour faire le tracé de ces différents plans, il faut recourir aux n°s 99 et 100, en tenant compte de la différence des cotes.*

278. *Le fût de la colonne est orné de* 24 *cannelures; pour en faire le tracé, on emploiera des moyens analogues à ceux de la planche* 21me; *c'est-à-dire, qu'au lieu de se servir d'une échelle divisée en* 20 *parties égales, on se servira d'une échelle divisée en* 24.

Exercices.

Quelle est la hauteur du piédestal dorique, et en combien de parties principales se divise-t-il? (271) Quelle est la hauteur de la base du piédestal dorique et sa saillie, à partir du nu du socle? (272) Quelle est la hauteur du socle dorique et sa saillie, à partir de l'axe? (273) Quelle est la hauteur de la corniche du piédestal dorique et sa saillie, à partir du nu du socle? (274) Quelle est la hauteur de la base de la colonne dorique et sa saillie, à partir du nu du fût? (275)

PLANCHE VINGT-HUITIÈME.

ENTABLEMENT ET CHAPITEAU.

DE L'ENTABLEMENT.

279. L'entablement a 3 modules 23 minutes de hauteur ; il se divise en trois parties principales, qui sont : l'architrave, la frise et la corniche (5).

DE L'ARCHITRAVE.

280. L'architrave a 1 module de hauteur, et 4 minutes $1/2$ de saillie, à partir du nu de la frise.

DE LA FRISE.

281. La frise a 1 module 15 minutes de hauteur, et 26 minutes de saillie, à partir de l'axe.

ORDRE DORIQUE

DE LA CORNICHE.

282. La corniche a 1 module 8 minutes de hauteur, et 1 module 20 minutes de saillie, à partir du nu de la frise.

DU CHAPITEAU.

283. Le chapiteau a 1 module de hauteur, et 13 minutes de saillie, à partir du nu du fût.

284. *Pour la hauteur et la saillie des moulures, voir n*^{os} *59 et 61.*

Exercices.

Quelle est la hauteur de l'entablement dorique, et en combien de parties principales se divise-t-il? (279) Quelle est la hauteur de l'architrave dorique et sa saillie, à partir du nu de la frise? (280) Quelle est la hauteur de la frise dorique et sa saillie, à partir de l'axe? (281) Quelle est la hauteur de la corniche dorique et sa saillie, à partir du nu de la frise? (282) Quelle est la hauteur du chapiteau dorique et sa saillie, à partir du nu du fût? (283)

PLANCHE VINGT-NEUVIÈME.

ENTRE-COLONNEMENT.

285. L'espacement des axes de cet entre-colonnement est de 7 modules 15 minutes, et l'entre-colonnement est de 5 modules 15 minutes.

286. Cet entre-colonnement est élevé sur trois marches; il a 18 modules 23 minutes de hauteur, distribués comme il suit : pour le fût de la colonne, 14 modules; pour le chapiteau, 1 module; pour l'architrave, 1 module; pour la frise, 1 module 15 minutes; et pour la corniche, 1 module 8 minutes.

287. Les 3 marches ont chacune 14 minutes de hauteur, et 26 minutes de saillie.

288. *Pour tracer le plan des colonnes et des marches, il faut voir ce qui a été dit, n° 152.*

22ᵐᵉ PROBLÈME.

289. L'espacement des colonnes d'un entre-colonnement dorique, selon Palladio, est de 3 mètres 50 centimètres, quelle est la hauteur métrique de la colonne ?

Solution.

290. Pour faire cette opération, il faut diviser l'espacement métrique des colonnes, par le nombre de modules et de parties de modules qu'il y a d'une colonne à l'autre (285); puis multiplier le quotient obtenu par le nombre de modules qui indique la hauteur de la colonne, voir n° 162 ou 286.

$3^m 50 : 5\,^5/_6 = 0^m 60 \times 15 = 9^m$, hauteur de la colonne.

Exercices.

Quel est l'espacement des axes des colonnes d'un entre-colonnement dorique, et quel est l'espacement des colonnes? (285) Que faut-il faire pour résoudre le 22ᵐᵉ problème? (290)

PLANCHE TRENTIÈME.

ENTRE-COLONNEMENT

AVEC PORTIQUE & PIÉDESTAL.

291. Cet entre-colonnement a 15 modules d'espacement, d'axe en axe ; chaque pied-droit a 1 module 26 minutes de saillie, à partir de l'axe de la colonne ; il reste 11 modules 8 minutes, pour l'espacement de l'arcade ; la hauteur du pied-droit est de 14 modules 16 minutes ; et celle de l'arcade, de 20 modules 5 minutes.

292. La hauteur totale de l'ordre est de 25 mo-

dules 13 minutes, distribués ainsi : pour la base du piédestal, 1 module 9 minutes $^1/_2$; pour le socle, 2 modules 20 minutes $^1/_2$; pour la corniche du piédestal, 20 minutes ; pour la base de la colonne, 1 module ; pour le fût, 15 modules ; pour le chapiteau, 1 module ; pour l'architrave, 1 module ; pour la frise, 1 module 15 minutes ; et pour la corniche, 1 module 8 minutes.

293. Le fût de la colonne est engagé de 22 minutes $^1/_2$ dans le pied droit, et il saille de 1 module 7 minutes $^1/_2$.

23me PROBLÈME.

294. On a trouvé dans des ruines, deux parties de colonnes sur leurs piédestaux, espacées de 5 mètres 59 centimètres ; on demande 1° quelle était la hauteur métrique de ces colonnes ; 2° celle de l'arcade.

Solution.

295. Pour résoudre ce problème, il faut diviser l'espacement métrique des colonnes par le nom-

bre de modules qu'il y a d'une colonne à l'autre (291); puis multiplier le quotient obtenu par le nombre de modules qui détermine la hauteur de la colonne (292), pour obtenir sa hauteur métrique; multiplier également ce même quotient par le nombre de modules et de parties de modules qui déterminent la hauteur de l'arcade (291), pour obtenir sa hauteur métrique.

$5^m\ 59^c : 13 = 0^m\ 43^c \times 17 = 7^m\ 31^c$, hauteur de la colonne.
$0^m\ 43^c \times 20\ ^1/_6 = 8^m\ 67^c\ ^1/_6$, hauteur de l'arcade.

Exercices.

Quel est l'espacement des axes d'un entre-colonnement dorique avec portique et piédestal, et quelles sont les proportions de l'arcade? (291) Quelle est la hauteur totale de l'ordre dorique, et comment cette hauteur est-elle distribuée? (292) Que faut-il faire pour résoudre le 23me problème? (295)

DE L'ORDRE IONIQUE

EN GÉNÉRAL.

296. Cet ordre est tiré des Thermes (*a*) de Dioclétien; on le nomme Ionique, à cause d'Ion, chef d'une colonie Athénienne envoyée en Asie,

---

(*a*) Bâtiments qui, chez les Anciens, étaient destinés à des bains publics; ceux dont il est ici question, sous le nom de Thermes de Dioclétien, sont comptés parmi les plus beaux monuments de l'ancienne Rome.

lequel fit élever à Éphèse (*a*) trois temples de cet ordre, l'un dédié à Diane, l'autre à Apollon, et le troisième à Bacchus.

297. L'ordre Ionique est regardé comme intermédiaire entre le Dorique et le Corinthien ; en effet, par sa corniche, ornée de denticules, ses cannelures et les autres ornements auxquels il est borné, il tient le milieu entre la manière solide et la manière délicate.

298. Les volutes de son chapiteau représentent, selon quelques-uns, les cheveux des femmes grecques, dont les boucles avaient à peu près cette forme ; ce qui lui a fait donner l'épithète *d'ordre des femmes* (69).

299. Selon d'autres auteurs, ces volutes représentent les écorces que l'on plaçait quelquefois entre l'extrémité supérieure des arbres (*b*) et les tuiles qui les couvraient, lesquelles, par la suite, se tournaient en forme de spirales ou volutes.

(*a*) Ville célèbre d'Ionie dans l'Asie-Mineure, sur les ruines de laquelle il n'existe aujourd'hui qu'un village turc nommé Aïa-Solouk.

(*b*) Ces arbres furent l'origine des colonnes.

Exercices.

D'où l'ordre ionique est-il tiré? (296) Pourquoi le nomme-t-on ionique ? (296) Comment l'ordre ionique est-il regardé ? (297) Que représentent les volutes ioniques ? (298) Que représentent-elles, selon d'autres auteurs ? (299)

ORDRE IONIQUE

SELON VIGNOLE.

OBSERVATION.

300. *Avant d'expliquer les planches 31 et 32, on recommande soigneusement aux élèves de ne pas en faire le tracé, qu'ils ne se soient bien exercés à celui des planches 33 à 38, pour les raisons déjà énoncées (192).*

PLANCHE TRENTE-UNIÈME.

PIÉDESTAL ET BASE

DE LA COLONNE DE L'ORDRE IONIQUE.

DU PIÉDESTAL.

301. Ce piédestal est le tiers de la colonne (15); il a 6 modules de hauteur, et se divise en trois parties principales, qui sont : la base, le socle et la corniche (5).

DE LA BASE DU PIÉDESTAL.

302. Cette base a 10 minutes de hauteur, et 8 minutes de saillie, à partir du nu du socle.

DU SOCLE.

303. Le socle a 4 modules 16 minutes de hauteur, et 1 module 7 minutes de saillie, à partir de l'axe.

DE LA CORNICHE DU PIÉDESTAL.

304. Cette corniche a 10 minutes de hauteur et 10 minutes de saillie, à partir du nu du socle.

DE LA BASE DE LA COLONNE.

305. La base de la colonne a 1 module de hauteur et 7 minutes de saillie, à partir du nu du fût.

306. *Pour la hauteur et la saillie des moulures qui composent ces différentes parties, voir n°s 59 et 61.*

307. *Cette 31me planche présente aussi la moitié des plans de la base de la colonne et de la base du piédestal, et celui de la moitié du plan renversé du plafond de la corniche du piédestal.*

308. *Pour le tracé de ces différents plans, voir*

le n° **202**, *et pour le tracé des cannelures, qui sont dans le plan et dans l'élévation de la partie inférieure du fût, voir l'explication de la planche* **22** ᵐᶜ.

24ᵐᶜ PROBLÈME.

309. La hauteur d'une base de colonne ionique est de 0ᵐ, 40 : On demande 1° Quelle est celle du piédestal destiné à la porter; 2° Quelle est celle de la colonne dont elle fait partie?

Solution.

310. La base de la colonne ayant 1 module de hauteur, il faut multiplier sa hauteur métrique par 6 (301), pour avoir celle du piédestal; multiplier également la hauteur métrique de la base de la colonne par 18 (11), pour avoir celle de la colonne.

0ᵐ 40ᶜ × 6 = 2ᵐ 40ᶜ, hauteur du piédestal.
0ᵐ 40ᶜ × 18 = 7ᵐ 20ᶜ, hauteur de la colonne.

Exercices.

Quelle est la hauteur du piédestal ionique, et en combien de parties se divise-t-il? (301) Quelle est la hauteur de la base du piédestal ionique et sa saillie, à partir du nu du socle? (302) Quelle est la hauteur du socle ionique et sa saillie, à partir de l'axe? (303) Quelle est la hauteur de la corniche du piédestal ionique et sa saillie, à partir du nu du socle? (304) Quelle est la hauteur de la base de la colonne ionique et sa saillie, à partir du nu du fût? (305) Que faut-il faire pour opérer le 24me problème? (310)

PLANCHE TRENTE-DEUXIÈME.

ENTABLEMENT ET CHAPITEAU

DE LA COLONNE IONIQUE.

DE L'ENTABLEMENT.

311. L'entablement est le quart de la colonne (15); il a 4 modules 9 minutes de hauteur, et se divise en trois parties principales, savoir : l'architrave, la frise et la corniche (5).

DE L'ARCHITRAVE.

312. L'architrave a 1 module 4 minutes $^1/_2$ de

hauteur, et 5 minutes de saillie, à partir du nu de la frise.

DE LA FRISE.

313. La frise a 1 module 9 minutes de hauteur, et 15 minutes de saillie, à partir de l'axe.

DE LA CORNICHE.

314. La corniche a 1 module 13 minutes $^{1}/_{2}$ de hauteur, et 1 module 13 minutes de saillie, à partir du nu de la frise.

DU CHAPITEAU.

315. Le chapiteau a 12 minutes de hauteur, et 11 minutes de saillie, à partir du nu du fût.

316. *Pour la hauteur et la saillie des moulures, voir n°s 59 et 61.*

317. *Cette planche 32me présente aussi la moitié du plan renversé du chapiteau et du plafond de la corniche; pour le tracé de ces différents plans, voir n° 308.*

318. *On comprendra facilement la coupe de*

SELON VIGNOLE. 161

la corniche et les proportions qu'elle doit avoir, en recourant aux détails de la planche 34 qui doit avoir été faite précédemment.

319. *Les canaux* (a) *qui sont dans le plan de la corniche et qui ne sont point apparents dans l'élévation, sont entaillés dans le canal du larmier* (b).

25ᵐᵉ PROBLÈME.

320. Quelle est la hauteur d'une colonne ionique qui supporte un entablement de 1ᵐ 40 de hauteur ?

Solution.

321. Pour faire cette opération, il faut chercher la hauteur de la colonne (15).

1ᵐ 40ᶜ × 4 = 5ᵐ 60ᶜ, hauteur de la colonne.

(a) Espèce de cannelures sur une face ou sur un larmier.

(b) C'est le plafond creusé d'une corniche qui fait la mouchette pendante.

Exercices.

Quelle est la hauteur de l'entablement ionique, et en combien de parties se divise-t-il ? (311) Quelle est la hauteur de l'architrave ionique et sa saillie, à partir du nu de la frise ? (312) Quelle est la hauteur de la frise ionique et sa saillie, à partir de l'axe ? (313) Quelle est la hauteur de la corniche ionique et sa saillie, à partir du nu de la frise ? (314) Quelle est la hauteur du chapiteau ionique et sa saillie, à partir du nu du fût ? (315) Que faut-il faire pour résoudre le 25me problème ? (321)

PLANCHES TRENTE-TROISIÈME & TRENTE-QUATRIÈME.

DIVERS DÉTAILS ET COUPES.

322. Ces deux planches contiennent une partie des détails et des coupes des planches 31 et 32, ainsi que les détails de l'imposte et de l'archivolte. Le centre des arcs y est indiqué par des lignes ponctuées, pour faciliter le tracé des moulures.

323. L'œil de la volute y est tracé sur une très grande échelle, afin de mieux faire comprendre les divisions et les subdivisions qui déterminent les centres de la volute; les chiffres indiquent l'ordre qu'on doit observer en traçant les différents arcs qui la composent.

PLANCHE TRENTE-CINQUIÈME.

DÉTAILS DE L'ENTABLEMENT

DE LA PLANCHE TRENTE-DEUXIÈME.

324. Pour faire le dessin de cette planche, il faut d'abord recourir au n° 232, tracer ensuite au crayon des lignes qui déterminent la hauteur et l'écartement des rais-de-cœur, des oves, des olives (*a*) et des feuilles d'acanthe ; puis tracer de

---

(*a*) Ornement qui se taille comme des grains oblongs, enfilés en manière de chapelet.

suite au crayon, toutes les parties semblables; quand tous ces différents ornements sont parfaitement terminés, on les passe à l'encre (237).

325. L'écartement de ces différents ornements est déterminé par les denticules, les lignes verticales ponctuées marquent cette détermination.

326. Pour dessiner le rinceau *(a)* qui décore la frise, il faut : 1° tracer au crayon la ligne qui serpente au milieu; 2° faire la masse de chaque tige du rinceau *(b)*; 3° faire celle des feuillages; 4° enfin faire le tracé de chaque feuille. Quant tout est parfaitement terminé, on le passe à l'encre 237).

(*a*) Ornement composé de feuilles qui se roulent en volute.

(*b*) On appelle tige de rinceau une espèce de branche qui part d'un culot (1) et porte les feuillages d'un rinceau d'ornement.

(1) On appelle culot tout ornement d'où sortent des rinceaux.

PLANCHE TRENTE-SIXIÈME.

DÉTAILS DE LA VOLUTE IONIQUE

327. La volute ionique a 16 minutes de hauteur dont 9 au-dessus du centre de l'œil et 7 au-dessous. Après avoir tracé la saillie des moulures du chapiteau, il faut tirer la verticale A Q, à la naissance du talon; la rencontre de cette verticale avec l'horizontale O P, est le centre de l'œil de la volute; puisque le listel, le canal et le quart de rond ont ensemble 9 minutes de hauteur : de ce point de centre, et d'une ouverture de compas égale à une

minute, décrire un cercle dont le diamètre vertical N S se nomme *cathète*, et forme la diagonale du carré N, R, S et T, dont il faut partager les côtés en deux parties égales; tirer, par ces points de subdivision, les droites 1, 3 et 2, 4 ; ces droites seront les diagonales d'un nouveau carré 1, 2, 3 et 4, qui aura une minute de côté, puisque la ligne 1, 2 est la diagonale du carré N, 2, U et 1, aussi bien que la ligne N U qui est le rayon du cercle ; diviser ces diagonales 1, 3 et 2, 4 chacune en 6 parties égales ; ces points de division seront le centre du trait extérieur de la volute : l'ordre des centres est indiqué par des chiffres.

328. Pour tracer ce trait extérieur, il faut 1° poser la pointe sèche du compas au n° 1er et l'ouvrir jusqu'à la rencontre du point B, avec ce rayon décrire l'arc B C ; 2° la poser au n° 2, ouvrir le compas jusqu'à la rencontre du point C, et décrire l'arc C D ; 3° la porter au n° 3, ouvrir le compas jusqu'à la rencontre du point D, et décrire l'arc D E ; 4° la porter au n° 4, ouvrir le compas jusqu'à la rencontre du point E, et décrire l'arc E F ; 5° la porter au n° 5, ouvrir le compas jusqu'à la rencontre du point F, et décrire l'arc F G ;

ainsi de suite pour tous les autres numéros. Si toutes les divisions ont été faites avec exactitude, le dernier arc doit passer au point N.

329. Pour avoir les centres du trait intérieur de la volute; il faut subdiviser en quatre parties les divisions qui ont servi au premier trait : la première subdivision, au-dessus de chacun des premiers points, sera le centre du trait intérieur. On opère sur chacun de ces centres comme on a opéré sur les premiers; ils sont aussi dans le même ordre, il suffira de faire observer que, posant la pointe sèche du compas au premier, on doit l'ouvrir jusqu'au point A, décrire avec ce rayon l'arc A B, et ainsi de suite pour tous les autres.

330. Pour comprendre la raison de ce tracé, il faut se rappeler que les côtés du carré 1, 2, 3 et 4 ont chacun 1 minute de longueur; d'où il résulte que le point C est de 1 minute plus rapproché de l'œil de la volute que le point B, que le point D est de 1 minute plus rapproché de l'œil de la volute que le point C, que le point E est de 1 minute plus rapproché de l'œil de la volute que le point D, et que le point F est de 1 minute

plus rapproché de l'œil de la volute que le point E; ce qui fait un total de 4 minutes pour le rapprochement du premier contour.

331. Il faut encore remarquer qu'en divisant en trois parties égales les côtés U 1 et U 2 du triangle isocèle 1 U 2, et tirant, par les points de division, les lignes 5, 6 et 9, 10, elles seront parallèles à la base du triangle ; que la première 5, 6 n'est que les $2/3$ de la base de ce triangle, et que, par conséquent, elle égale $2/3$ de minute; ce qui fait que le point G est de $2/3$ de minute plus rapproché de l'œil de la volute que le point F. La même chose existe à l'égard de chacun des points H, I et J; en sorte que l'on a un total de 2 minutes $2/3$ pour le rapprochement du deuxième contour.

332. La deuxième ligne 9, 10, n'étant que le $1/3$ de la base du triangle, elle égale $1/3$ de minute; d'où il faut conclure que le point K est de $1/3$ de minute plus rapproché de l'œil de la volute que le point J, et que, par analogie, les points L, M et N sont aussi rapprochés chacun de $1/3$ de minute de l'œil de la volute ; en sorte que l'on a un total de 1 minute $1/3$ pour le rapprochement

du troisième contour. En réunissant les trois totaux 4 minutes, plus 2 minutes $^2/_3$, plus 1 minute $^1/_3$, on obtiendra 8 minutes, distance égale à celle qui existe entre le point B et l'œil de la volute.

333. Pour comprendre que le trait intérieur de la volute se termine au même point que le trait extérieur, il faut bien saisir que les deux premiers centres du trait intérieur sont $^1/_{12}$ de minute plus rapprochés l'un de l'autre que les deux premiers du trait extérieur, et que la même observation doit avoir lieu à l'égard de tous les autres.

334. La raison de ce rapprochement de centre, vient de ce que, pour tracer ce trait intérieur, on a divisé les deux côtés U 1 et U 2 du triangle isocèle 1 U 2, chacun en 12 parties égales ; d'où il suit que chaque arc de cercle de ce dernier trait se rapproche de $^1/_{12}$ de minute moins vite de l'œil de la volute que ceux du premier ; chaque trait étant composé de 12 arcs de cercle, ce dernier devrait se trouver de 1 minute en retard sur le premier, mais comme il a commencé 1 minute plus bas, il doit se terminer au même point.

Exercices.

Quelle est la hauteur de la volute ionique ? (327) Que faut-il faire pour tracer l'œil de la volute ? (327) Que faut-il faire pour tracer le trait extérieur de la volute ? (328) Que faut-il faire pour avoir les centres du trait intérieur de la volute ? (329) Que faut-il se rappeler pour comprendre la raison du tracé de la volute ionique ? (330 à 335 inclusivement).

PLANCHE SOIXANTE-TROISIÈME.

DÉTAILS DU CHAPITEAU

DE LA PLANCHE TRENTE-TROISIÈME.

335. Lorsque des parties cachées les unes par les autres, sont décorées d'ornements, on doit d'abord faire au crayon l'ornement des parties les moins apparentes, comme si elles n'étaient point cachées, afin que le mouvement des ornements qui ne sont pas entièrement visibles soit bien senti. Ainsi, dans le tracé du plan de ce chapiteau, on doit : 1° faire le tracé des feuilles d'acanthe qui

décorent le talon ; 2º celui des ovcs qui se trouvent dans le quart de rond ; 3º celui des petits rinceaux qui semblent sortir du canal des volutes; 4º celui des olives, taillées dans la baguette; 5º enfin, celui des feuilles d'eau qui ornent les rouleaux des volutes.

336. Quand on passe ces ornements à l'encre, on doit, au contraire, commencer par les parties les plus apparentes, parce qu'elles servent d'arrêts aux parties qui ne paraissent pas entièrement.

337. Pour faire le tracé de cette planche, il faut (232) commencer par tout ce qui n'est pas ornements ; ensuite tracer au crayon, puis à l'encre, les ornements qui sont dans le plan, en observant ce qui a été dit planche 18me. Les ornements qui sont dans l'élévation du chapiteau, se tracent aussi de la même manière et dans le même ordre.

338. *Pour le tracé des cannelures qui sont dans le plan et dans l'élévation, voir l'explication de la planche* 22 ^{me}.

PLANCHE TRENTE-HUITIÈME.

PROFIL & COUPE DU CHAPITEAU

DE LA PLANCHE TRENTE-DEUXIÈME.

339. Pour le tracé de cette planche, voir l'explication de la planche 37me.

PLANCHE TRENTE-NEUVIÈME.

FRONTON

VU DE FACE, DE PROFIL ET SUR LA COUPE D G.

340. Cette planche, renfermant les mêmes parties que la planche 5, il faudra revoir l'explication qui en a été donnée, page **61**, et observer la méthode indiquée sur la planche même, pour déterminer la hauteur du fronton.

PLANCHE QUARANTIÈME.

ENTRE-COLONNEMENT.

341. Pour tracer cet entre-colonnement, il faut d'abord déterminer sa hauteur (ici elle est de 299 millimètres), puis chercher celle de l'entablement et celle de la colonne (29), ainsi que la longueur du module (25).

342. Le module étant trouvé, on porte la hauteur de la base de la colonne, qui est de 1 module;

celle du chapiteau, qui est de 12 minutes; et il doit rester 16 modules 6 minutes, pour la hauteur du fût; après quoi, on porte la hauteur de l'architrave, qui est de 1 module 4 minutes $1/2$; celle de la frise, qui est de 1 module 9 minutes; et celle de la corniche, qui est de 1 module 13 minutes $1/2$.

343. L'espacement des axes des colonnes est de 6 modules 12 minutes.

344. *Les principales parties étant ainsi déterminées, on porte la hauteur, puis la saillie des moulures, comme il est indiqué n°s 59 et 61.*

345. *Les volutes de cette planche, ainsi que celles des planches suivantes, quoique très petites, peuvent cependant se tracer au compas, pourvu qu'on ait soin de déterminer l'œil de la volute avec une grande précision, par des lignes très fines, tracées au crayon; on doit aussi éviter d'appuyer sur le compas pour ne pas confondre les centres, qu'on a dû déterminer à la main avec un crayon taillé fin.*

346. *Pour le tracé du plan, voir n° 152, et l'usage de l'échelle, 247.*

26ᵐᵉ PROBLÈME.

347. Quel est l'espacement des axes des colonnes d'un entre-colonnement ionique, si l'entablement a 1 mètre 62 centimètres de hauteur?

Solution.

348. Il faut d'abord multiplier la hauteur de l'entablement par 4 (15), pour avoir celle de la colonne; diviser celle-ci par 18 (25), pour obtenir le module, et multiplier la longueur du module par $6\,{}^2/_3$ (343), pour avoir l'espacement des axes des colonnes.

$1^m\,62^c \times 4 = 6^m\,48^c : 18 = 0^m\,36^c \times 6\,{}^2/_3 = 2^m\,40^c$: espacement des axes des colonnes.

Exercices.

Que faut-il faire pour tracer un entre-colonnement ionique? (341 et 342) *Quel est l'espacement des axes des colonnes d'un entre-colonnement ionique?* (243) *Que faut-il faire pour résoudre le 26ᵐᵉ problème?* (348)

PLANCHE QUARANTE-UNIÈME.

ENTRE-COLONNEMENT

AVEC PORTIQUE SANS PIÉDESTAL.

349. Pour faire le tracé de cet entre-colonnement, il faut en déterminer la hauteur (ici elle est de 0^m 299), puis opérer comme pour l'entre-colonnement sans portique (341 et 342).

350. Les axes des colonnes sont espacés de 11 modules 6 minutes; chaque pied droit a 1 module 9 minutes de largeur, à partir de l'axe de la colonne; il reste donc 8 modules 6 minutes,

pour l'espacement de l'arcade ; lesquels étant augmentés de leur moitié, on a 12 modules 9 minutes pour la hauteur du pied-droit.

351. Le fût de la colonne est engagé dans le pied-droit, de 9 minutes, et il saille de 1 module 9 minutes ; de sorte qu'étant vu de face, il semble n'être pas engagé.

352. *Pour le plan de cet entre-colonnement, voir le n° 152.*

27me PROBLÈME.

353. Un architecte demande à un de ses élèves : 1° quel est l'espacement des colonnes d'un entre-colonnement ionique avec portique sans piédestal ; 2° quelle est la hauteur de l'ordre ; si les colonnes ont 0^m 60 de diamètre ? Quelles opérations cet élève a-t-il à faire ?

Solution.

354. Il doit d'abord diviser le diamètre de la colonne par 2, pour avoir le module ; puis multi-

plier ce module par $9\,^1/_3$ (350), pour obtenir l'espacement des colonnes; et multiplier également la longueur du module par 18 (11), pour avoir la hauteur de la colonne; diviser ensuite cette hauteur par 4 (15), pour obtenir la hauteur de l'entablement; enfin ajouter ces deux dernières hauteurs ensemble, et il aura celle de l'ordre.

$0^m\,60^c : 2 = 0^m, 30^c \times 9\,^1/_3 = 2^m\,80^c$, espacement des colonnes.
$0^m\,30^c \times 18 = 5^m\,40^c : 4 = 1^m\,35^c + 5^m\,40^c = 6^m\,75^c$, hauteur de l'ordre.

Exercices.

Que faut-il faire pour tracer un entre-colonnement ionique avec portique sans piédestal ? (349) Quel est l'espacement des axes des colonnes d'un entre-colonnement ionique avec portique sans piédestal, et quelles sont les proportions du portique ? (350) Que faut-il faire pour résoudre le 27me *problème ? (354)*

PLANCHE QUARANTE-DEUXIÈME.

ENTRE-COLONNEMENT

AVEC PORTIQUE & PIÉDESTAL.

355. Pour dessiner cet entre-colonnement, il faut, après avoir déterminé sa hauteur métrique (ici elle est de 0 ^{m} 314), fixer la hauteur du piédestal, de la colonne et de l'entablement (30), ainsi que la longueur du module (25); porter ensuite la hauteur de la base du piédestal, qui est de 10 minutes; celle du socle, qui est de 4 modules 16 minutes; et celle de la corniche, qui est de 10

minutes; puis opérer, comme pour l'entre-colonnement sans portique (342).

356. Les axes qui déterminent les colonnes sont espacés de 14 modules 12 minutes, et chaque pied-droit a 2 modules de largeur, à partir de l'axe de la colonne; de sorte qu'il reste 10 modules 12 minutes, pour l'espacement de l'arcade; lesquels étant augmentés de moitié, donnent 16 modules, pour la hauteur du pied-droit.

357. Le fût de la colonne est engagé dans le pied-droit de 12 minutes, et il saille de 1 module 6 minutes.

28me PROBLÈME.

358. Un architecte a reçu l'ordre de faire élever, sur un terrain de 24^{m} 48 de longueur, une colonnade ionique avec portique et piédestal, formant 7 arcades; il demande à son premier élève quelle sera la hauteur de l'ordre complet, si l'on réserve 3 mètres sur chaque côté des deux dernières colonnes, à partir de l'axe; comment cet élève doit-il procéder dans cette opération?

Solution.

359. Il doit retrancher du nombre proposé les 6 mètres qui doivent rester sur les côtés des deux axes extrêmes; puis diviser le reste par 7, pour avoir l'espacement métrique des axes, et diviser ce quotient par 14 $^2/_3$ (356), pour obtenir le module; ensuite il multipliera la longueur du module par 18 (11), pour avoir la hauteur de la colonne; laquelle étant trouvée, il la divisera par 4 (15), pour obtenir celle de l'entablement, et par 3 (15), pour obtenir celle du piédestal; enfin, il joindra ensemble la hauteur de la colonne, de l'entablement et du piédestal, et il aura celle de l'ordre complet.

$24^m 48^c - 6^m = 18^m$, $48^c : 7 = 2^m 64^c : 14\,^2/_3 = 0^m 18^c \times 18 =$ $3^m 24^c$, hauteur de la colonne.

$3^m 24^c : 4 = 0^m 81^c$, hauteur de l'entablement.

$3^m 24^c : 3 = 1^m 08^c$, hauteur du piédestal.

$3^m, 24^c + 0^m 81^c + 1^m 08^m = 5^m 13^c$, hauteur de l'ordre complet.

Exercices.

Que faut-il faire pour dessiner un entre-colonnement ionique avec portique et piédestal ? (355) Quel est l'espacement des axes des colonnes d'un entre-colonnement ionique avec portique et piédestal, et quelles sont les proportions du portique ? (356) Que faut-il faire pour résoudre le 28me problème ? (359)

ORDRE IONIQUE

SELON PALLADIO.

OBSERVATION.

Avant d'expliquer les planches 43 et 44, on recommande de nouveau aux élèves de ne pas en faire le tracé, avant de s'être bien exercés à celui de la planche 45, pour les raisons déjà énoncées (192).

PLANCHE QUARANTE-TROISIÈME.

PIÉDESTAL ET BASE

DE LA COLONNE.

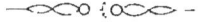

DU PIÉDESTAL.

360. Le piédestal a, pour hauteur, la moitié du vide de l'arcade, comme on peut le voir à la planche 47, c'est-à-dire 5 modules 12 minutes $^1/_4$; il se divise en trois parties principales, qui sont la base, le socle et la corniche (5).

DE LA BASE DU PIÉDESTAL.

361. La base du piédestal a 1 module 12 mi-

nutes $^1/_2$ de hauteur, et 15 minutes de saillie, à partir du nu du socle.

DU SOCLE.

362. Le socle a 3 modules 8 minutes de hauteur, et 1 module 11 minutes $^1/_4$ de saillie, à partir de l'axe.

DE LA CORNICHE DU PIÉDESTAL.

363. Cette corniche a 21 minutes $^3/_4$ de hauteur, et 15 minutes $^1/_4$ de saillie, à partir du nu du socle.

DE LA BASE DE LA COLONNE.

364. La base de la colonne a 1 module de hauteur et 11 minutes $^1/_4$ de saillie, à partir du nu du fût.

365. *Pour la hauteur et la saillie des moulures qui composent les parties ci-dessus, voir n°s 59 et 61.*

366. *Cette 43me planche contient encore la moitié du plan de la base de la colonne, la*

moitié du plan renversé du plafond de la corniche du piédestal, et la moitié du plan de la base du piédestal.

29ᵐᵉ PROBLÈME.

367. On a trouvé, sous d'anciennes ruines, une base de colonne ionique ayant 0ᵐ 187 de hauteur; on demande quelle était *(selon les proportions de Palladio)*, la hauteur de la colonne dont elle faisait partie ?

Solution.

368. La base de la colonne ayant 1 module de hauteur (364), il faut multiplier la hauteur métrique de celle qui a été trouvée, par le nombre de modules qui servent à déterminer la hauteur de la colonne (162).

0ᵐ 187 × 18 = 3ᵐ 366, hauteur de la colonne.

Exercices.

Quelle est la hauteur du piédestal ionique et en combien de parties principales se divise-t-il? (360) Quelle est la hauteur de la base du piédestal ionique et sa saillie, à partir du nu du socle? (361) Quelle est la hauteur du socle ionique et sa saillie, à partir de l'axe? (362) Quelle est la hauteur de la corniche du piédestal ionique et sa saillie, à partir du nu du socle? (363) Quelle est la hauteur de la base de la colonne ionique et sa saillie, à partir du nu du fût? (364) Que faut-il faire pour résoudre le 29me problème? (268)

PLANCHE QUARANTE-QUATRIÈME.

ENTABLEMENT ET CHAPITEAU.

DE L'ENTABLEMENT.

369. L'entablement est le $1/5$ de la hauteur de la colonne ; il a 3 modules 18 minutes de hauteur, et se divise en trois parties principales qui sont : l'architrave, la frise et la corniche.

DE L'ARCHITRAVE.

370. L'architrave a 1 module 6 minutes de

hauteur, et 7 minutes $^1/_2$ de saillie, à partir du nu de la frise.

DE LA FRISE.

371. La frise a 27 minutes de hauteur, et 26 minutes $^1/_4$ de saillie, à partir de l'axe.

DE LA CORNICHE.

372. La corniche a 1 module 15 minutes de hauteur et 1 module 16 minutes de saillie, à partir du nu de la frise.

DU CHAPITEAU.

373. Le chapiteau a 19 minutes $^3/_4$ de hauteur, et 16 minutes et $^1/_2$ de saillie, à partir du nu du fût.

374. Les modillons qui ornent la corniche sont espacés de 21 minutes $^1/_4$ et ont chacun 10 minutes de largeur.

375. *Pour la hauteur et la saillie des moulures qui composent ces différentes parties, voir n°s 59 et 61.*

376. Pour le tracé du plan du chapiteau et du plafond de la corniche, voir n° 222.

30ᵐᵉ PROBLÈME.

377. Un professeur demandait à un de ses élèves comment il s'y prendrait pour trouver : 1° la hauteur d'une colonne ionique selon Palladio ; 2° la hauteur de l'entablement qu'elle soutient, les modillons qui décorent sa corniche ayant $0^m 25$ de largeur.

Solution.

378. Pour faire cette opération, il faut multiplier la largeur métrique du modillon par 3 (374), pour obtenir la longueur du module, que l'on multipliera par 18 (162), pour avoir la hauteur de la colonne ; puis diviser cette hauteur par 5 (369), pour obtenir celle de l'entablement.

$0^m 25 \times 3 = 0^m 75 \times 18 = 1^m 35$, hauteur de la colonne.
$1^m 35 : 5 = 0^m 27$. hauteur de l'entablement.

Exercices.

Quelle est la hauteur de l'entablement ionique et en combien de parties principales se divise-t-il? (369) Quelle est la hauteur de l'architrave ionique et sa saillie, à partir du nu de la frise? (370) Quelle est la hauteur de la frise ionique et sa saillie, à partir de l'axe? (371) Quelle est la hauteur de la corniche ionique et sa saillie, à partir du nu de la frise? (372) Quelle est la hauteur du chapiteau ionique et sa saillie, à partir du nu du fût? (373) Quel est l'espacement des modillons ioniques et leur largeur? (374) Que faut-il faire pour résoudre le 30me problème? (378)

PLANCHE QUARANTE-CINQUIÈME.

DÉTAILS DU CHAPITEAU
DE LA PLANCHE QUARANTE-QUATRIÈME.

379. Le tracé de cette planche se fait comme celui de la planche 37me ; nous engageons le lecteur à relire attentivement les n°s 336 à 339.

380. Le tracé de la volute de ce chapiteau ne diffère de celle du chapiteau selon Vignole, que par les proportions de l'œil, qui sont un peu plus grandes, et par le placement de son centre qui se trouve le même que celui de la baguette.

PLANCHE QUARANTE-SIXIÈME.

ENTRE-COLONNEMENT.

381. Pour faire le tracé de cet entre-colonnement, il faut d'abord déterminer sa hauteur (ici elle est de 0^m 261) et la diviser en 6 parties égales; l'une d'elles déterminera la hauteur de l'entablement, et les 5 autres, celle de la colonne.

382. Déterminer ensuite la longueur du module (25); porter la hauteur de la base de la colonne, qui est de 1 module; celle du chapiteau, qui est de 19 minutes $^3/_4$; et il doit rester 16 modules 10 minutes $^1/_4$, pour la hauteur du fût ; porter enfin la hauteur de l'architrave, qui est de 1 module 6 minutes ; celle de la frise, qui est de 27 minutes ; et celle de la corniche, qui est de 1 module 15 minutes.

383. Les axes des colonnes sont espacés de 6 modules 7 minutes $^1/_2$.

384. *Les principales parties de cet entre-colonnement étant ainsi déterminées, on porte la hauteur et la saillie des moulures, dont elles sont composées, comme il est indiqué* n°s 59 *et* 61.

31me PROBLÈME.

385. On demande à un élève quelle est la hauteur d'un entre-colonnement ionique, lorsque le diamètre inférieur du fût est de 0^m 86 ; comment cet élève doit-il opérer ?

Solution.

386. Il doit diviser le diamètre donné par 2,

il aura la longueur du module, qu'il multipliera par 18 (162), pour obtenir la hauteur de la colonne; il divisera ensuite cette hauteur par 5 (369), pour avoir celle de l'entablement; et, en additionnant la hauteur de la colonne avec celle de l'entablement, il aura celle de l'ordre.

0 ^{m} 86 : 2 = 0 ^{m} 43 × 18 = 7 ^{m} 74, hauteur de la colonne.
7 ^{m} 74 : 5 = 1 ^{m} 548, hauteur de l'entablement.
7 ^{m} 74 + 1 ^{m} 548 = 9 ^{m} 288, hauteur de l'ordre.

Exercices.

Comment faut-il faire le tracé d'un entre-colonnement ionique? (381 et 382) Quel est l'espacement des axes des colonnes d'un entre-colonnement ionique? (383) Que faut-il faire pour résoudre le 31 ^{me} problème? (386)

PLANCHE QUARANTE-SEPTIÈME.

ENTRE-COLONNEMENT

AVEC PORTIQUE & PIÉDESTAL.

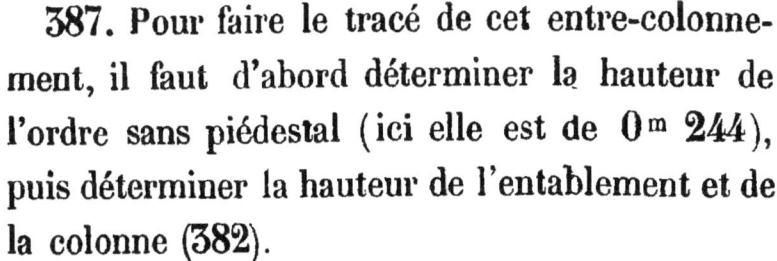

387. Pour faire le tracé de cet entre-colonnement, il faut d'abord déterminer la hauteur de l'ordre sans piédestal (ici elle est de $0^m\,244$), puis déterminer la hauteur de l'entablement et de la colonne (382).

388. Déterminer ensuite la hauteur du piédestal, qui est de 5 modules 12 minutes $^1/_4$; distribuer comme il suit : pour la base du piédestal,

de 1 module 12 minutes $1/2$; pour le socle, 3 modules 8 minutes; pour la corniche, 21 minutes $3/4$; et le reste comme au n° 382.

389. Les axes des colonnes sont espacés de 14 modules 17 minutes $1/2$.

390. La hauteur du pied-droit est de 16 modules 17 minutes $3/4$; l'espacement de l'arcade d'un pied-droit à l'autre est de 10 modules 24 minutes $1/2$.

391. Le fût de la colonne est engagé dans le pied-droit de 15 minutes, et il saille de 1 module 15 minutes.

392. Les modillons ont 10 minutes de largeur, et sont espacés de 21 minutes $1/4$.

393. *Pour les lignes ponctuées qui sont dans l'arcade, voir* 181.

32me PROBLÈME.

394. Une colonne faisant partie d'un entre-colonnement avec portique et piédestal a $3^m 60$ de hauteur. On demande 1° quelle est la hauteur de

'arcade; 2° l'espacement des pieds-droits; 3° la hauteur du piédestal; 4° et enfin, la hauteur de l'entablement.

Solution.

395. Pour faire cette opération, il faut d'abord diviser la hauteur de la colonne par le nombre de modules, qui est affecté à cet ordre (162); puis multiplier le quotient de cette division par 22 (390), pour obtenir la hauteur de l'arcade; multiplier également ce même quotient par $10\ ^{49}/_{60}$ (390), pour avoir l'espacement des pieds-droits; la moitié du nombre, qui détermine l'espacement des pieds-droits, donne la hauteur du piédestal (360); pour obtenir la hauteur de l'entablement, il faut prendre le $^1/_5$ de la hauteur de la colonne (369).

$3^m 60 : 18 = 0^m 20 \times 22 = 4^m 40$, hauteur de l'arcade.
$3^m 20 \times 10\ ^{49}/_{60} = 2^m 163\ ^1/_3$, espacement des pieds-droits.
$2^m 163\ ^1/_3 : 2 = 1^m 081\ ^2/_3$, hauteur du piédestal.
$3^m 60 : 5 = 0^m 72$, hauteur de l'entablement.

Exercices.

Que faut-il faire pour tracer un entre-colonnement ionique avec portique et piédestal? (387 et 388) Quel est l'espacement des axes des colonnes d'un entre-colonnement ionique avec portique et piédestal? (389) Quelle est la hauteur du pied-droit et l'espacement de l'arcade d'un pied-droit à l'autre? (390) Que faut-il faire pour résoudre le 32me problème? (395)

DE
L'ORDRE CORINTHIEN
EN GÉNÉRAL.

396. Cet ordre tire son nom de Corinthe, l'une des plus importantes villes de la Grèce par sa situation avantageuse dans le Péloponèse, par l'étendue de son commerce, et par le rôle qu'elle a joué dans l'histoire à différentes époques.

397. On prétend que Callimaque (a) est l'auteur

(a) Célèbre architecte de Corinthe qui florissait vers l'an 540 avant Jésus-Christ; il se distingua aussi dans la sculpture et la peinture : les Athéniens l'avaient surnommé l'Industrieux.

de l'ordre corinthien, mais l'opinion la plus commune lui attribue seulement l'invention du chapiteau.

398. Voici, selon Vitruve, ce qui donna lieu à cette invention. Une jeune fille de Corinthe étant morte, sa nourrice plaça sur son tombeau une corbeille remplie de petits bijoux et autres objets qu'elle avait aimés pendant sa vie, et la couvrit d'une tuile pour la préserver des injures de l'air. Au printemps suivant, cette corbeille se trouva environnée de feuilles d'une plante d'Acanthe, sur laquelle on l'avait posée par hasard; en grandissant, ces feuilles avaient rencontré la tuile, et s'étaient roulées, en se recourbant, à leurs extrémités. Callimaque, témoin de ce spectacle, dessina cette corbeille ainsi ornée, et l'employa, depuis, avec succès dans les colonnes des édifices qu'il éleva à Corinthe et ailleurs.

399. D'autres auteurs ont prétendu que la décoration du chapiteau corinthien n'est autre chose qu'une imitation des feuilles de palmier, qui ornaient l'intérieur du fameux temple de Salomon, à Jérusalem; le P. Villapand soutient cette opinion dans sa description du temple.

Exercices.

D'où l'ordre corinthien tire-t-il son nom? (396) Qui est-ce qui inventa l'ordre corinthien? (397) Que rapporte Vitruve sur l'origine du chapiteau corinthien? (398) N'y a-t-il pas quelque autre opinion sur l'origine du chapiteau corinthien? (399)

ORDRE CORINTHIEN

SELON VIGNOLE.

OBSERVATION.

400. *Avant d'expliquer les planches* **48, 49** *et* **50,** *on recommande de nouveau aux élèves de ne pas en faire le tracé avant de s'être bien exercés à celui des planches* **51** *à* **68,** *pour les raisons énoncées ci-devant?* **(192)**

PLANCHE QUARANTE-HUITIÈME.

PIÉDESTAL ET BASE

DE LA COLONNE DE L'ORDRE CORINTHIEN.

DU PIÉDESTAL.

401. Le piédestal est le $1/5$ de la colonne (15); il a 6 modules 12 minutes de hauteur, et se divise en trois parties principales, qui sont : la base, le socle et la corniche (5).

DE LA BASE DU PIÉDESTAL.

402. Cette base a 14 minutes $1/4$ de hauteur, et 7 minutes $1/2$ de saillie, à partir du nu du socle.

DU SOCLE.

403. Le socle a 5 modules 1 minute $^1/_2$ de hauteur, et 1 module 7 minutes de saillie, à partir de l'axe B E.

DE LA CORNICHE DU PIÉDESTAL.

404. La corniche du piédestal a 14 minutes $^1/_4$ de hauteur, et 8 minutes $^1/_2$ de saillie, à partir du nu du socle.

DE LA BASE DE LA COLONNE.

405. Cette base a 1 module de hauteur, et 7 minutes de saillie, à partir du nu du fût.

406. *Pour la hauteur et la saillie des moulures qui composent ces différentes parties, voir n°s 59 et 61.*

407. *Cette 48me planche présente en outre la moitié des plans de la base de la colonne et de la base du piédestal, ainsi que la moitié du plan renversé du plafond de la corniche du pié-*

SELON VIGNOLE. 209

destal; chacun de ces plans a les mêmes proportions que la partie qu'il représente, voir n° 82.

408. Pour le tracé de ces différents plans, voir n°s 99 et 100, en tenant compte de la différence des cotes.

33ᵐᵉ PROBLÈME.

409. Quel est le diamètre inférieur d'une colonne corinthienne supportée par un piédestal de 2 ᵐ 60 de hauteur ?

Solution.

410. Pour faire cette opération, il faut multiplier la hauteur donnée par 3, pour obtenir celle de la colonne (15), et diviser le produit de cette multiplication par 10, pour avoir le diamètre cherché (12).

2 ᵐ 60 × 3 = 7 ᵐ 80 : 10 = 0 ᵐ 78, longueur du diamètre inférieur de la colonne.

Exercices.

Quelle est la hauteur du piédestal corinthien, et en combien de parties se divise-t-il? *(401)* Quelle est la hauteur de la base du piédestal corinthien et sa saillie, à partir du nu du socle? *(402)* Quelle est la hauteur du socle corinthien et sa saillie, à partir de l'axe B D? *(403)* Quelle est la hauteur de la corniche du piédestal corinthien et sa saillie, à partir du nu du socle? *(404)* Quelle est la hauteur de la base de la colonne corinthienne et sa saillie, à partir du nu du fût? *(405)* Que faut-il faire pour résoudre le 33me problème? *(410)*

PLANCHE QUARANTE-NEUVIÈME.

ENTABLEMENT ET CHAPITEAU.

DE L'ENTABLEMENT.

411. L'entablement est le $1/4$ de la colonne (15); il a 5 modules de hauteur, et se divise en trois parties principales qui sont : l'architrave, la frise et la corniche (5).

DE L'ARCHITRAVE.

412. L'architrave a 1 module 9 minutes de

hauteur, et 5 minutes de saillie, à partir du nu de la frise.

DE LA FRISE.

413. La frise a 1 module 9 minutes de hauteur, et 15 minutes de saillie, à partir de l'axe.

DE LA CORNICHE.

414. Cette corniche a 2 modules de hauteur et 2 modules 2 minutes de saillie, à partir du nu de la frise.

DU CHAPITEAU.

415. Le chapiteau a 2 modules 6 minutes de hauteur, et 12 minutes de saillie, à partir du nu du fût.

416. Les modillons qui sont dans la corniche, sont espacés de 16 minutes *(calcul que l'on peut facilement vérifier par le moyen des denticules qui sont au nombre de trois entre chaque modillon, et qui ont chacun 4 minutes de largeur et 2 minutes d'espacement ; en effet* $3 \times 4 + 2 \times 2 = 16$ *minutes)*, et ont chacun 8 mi-

nutes de largeur *(comme on peut le voir aussi par le moyen des denticules : car* $4 + 2 \times 2 = 8$ *minutes).*

417. *Pour le plan du chapiteau et du plafond de la corniche voir n° 294.*

34ᵐᵉ PROBLÈME.

418. En faisant des fouilles, on a découvert une architrave d'ordre corinthien très bien conservée, de 0ᵐ 72 de hauteur ; on demande 1° quelle était la hauteur de l'entablement; 2° celle du chapiteau qui la soutenait. Que faut-il faire pour obtenir l'une et l'autre ?

Solution.

419. Il faut d'abord diviser la hauteur donnée par 3 (412), pour obtenir le $1/_2$ module, lequel étant multiplié par 2 donnera le module entier ; on multiplie ensuite le module obtenu par 5 (411), pour avoir la hauteur de l'entablement, et pour obtenir celle du chapiteau, on multiplie la longueur du module par 2 $^1/_2$ (415).

0^m 72^c : 3 = 0^m 24^c × 2 = 0^m 48^c × 5 = 2^m 40^c, hauteur de l'entablement.

0^m 48^c × 2 $^1/_3$ = 1^m 12^c, hauteur du chapiteau.

Exercices.

Quelle est la hauteur de l'entablement corinthien, et en combien de parties principales se divise-t-il? (411) Quelle est la hauteur de l'architrave corinthienne et sa saillie, à partir du nu de la frise? (412) Quelle est la hauteur de la frise corinthienne et sa saillie, à partir de l'axe? (413) Quelle est la hauteur de la corniche corinthienne et sa saillie, à partir du nu de la frise? (414) Quelle est la hauteur du chapiteau corinthien et sa saillie, à partir du nu du fût? (415) Quel est l'espacement des modillons corinthiens et leur largeur? (416) Que faut-il faire pour résoudre le 34me problème ci-dessus? (419)

PLANCHE CINQUANTIÈME.

ENTABLEMENT ET CHAPITEAU.

420. Cette planche ne diffère de la précédente que par les volutes du chapiteau, et par le rinceau de la frise, qui est tiré du frontispice du temple de Néron, à Rome.

35me PROBLÈME.

421. On a trouvé dans des décombres une partie de corniche d'ordre corinthien, dont les

denticules, assez bien conservés, ont chacun 0ᵐ 06 de largeur; quelle a dû être la hauteur de l'entablement dont ils faisaient partie?

Solution.

422. Les denticules de cet ordre ayant 4 minutes de largeur, il faut diviser la largeur métrique de l'un de ceux que l'on a trouvés par 4, pour avoir la longueur d'une minute, que l'on multipliera par 18 (12), pour obtenir le module; on multipliera ensuite celui-ci par 5 (411), pour avoir la hauteur de l'entablement.

$0^m\ 06^c : 4 = 0^m\ 015^m \times 18 = 0^m\ 27^c \times 5 = 1^m\ 35^c$, hauteur de l'entablement.

PLANCHES CINQUANTE-UNIÈME & CINQUANTE-DEUXIÈME.

DIVERS DÉTAILS ET COUPES.

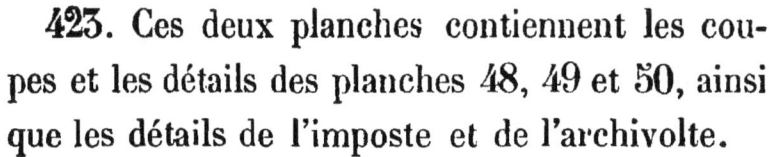

423. Ces deux planches contiennent les coupes et les détails des planches 48, 49 et 50, ainsi que les détails de l'imposte et de l'archivolte.

424. Voir sur la planche 52, la manière de tracer le profil du modillon et les proportions que doit avoir le caisson.

PLANCHES CINQUANTE-TROISIÈME A CINQUANTE-HUITIÈME.

DÉTAILS DU CHAPITEAU

DE LA PLANCHE QUARANTE-NEUVIÈME (N° 1 à 6).

425. Le tracé de ces différentes planches doit toujours être commencé par les plans ; on trouvera sur chacun d'eux des cotes qui en feront connaître les proportions. Quand un plan est entièrement terminé, on trace les lignes horizontales qui déterminent la hauteur des différentes parties du chapiteau *(l'espacement de ces lignes est*

indiqué par des cotes) ; après quoi on tire des lignes de projection, qui, partant du plan, vont déterminer la saillie de chacune des parties qui composent l'élévation.

426. La campane (*a*), que nous voyons pleinement à découvert dans la planche 53me, représente, d'après Vitruve, la corbeille dont nous avons parlé (398), et le tailloir figure la tuile qui couvrait cette corbeille.

427. Lorsqu'un élève fera le tracé de ces différentes planches, il ne sera pas obligé de faire un dessin particulier pour chacune; il suffira qu'il exécute parfaitement le dessin n° 1 au crayon, et qu'il passe à l'encre la partie supérieure du fût *(c'est-à-dire baguette, listel, congé et partie conique, y compris les cannelures)*; il effacera ensuite le tracé du plan de ladite partie supérieure, et passera aux détails n° 2, planche 54me.

428. Pour exécuter ces détails, il tracera d'abord une circonférence de 15 minutes $^{1}/_{2}$ de

---

(*a*) Corps des chapiteaux corinthien et composite ; ainsi nommé parce qu'il ressemble à une cloche renversée (en latin *campana*).

rayon, et la divisera en huit parties égales, pour y placer le plan des tigettes qui forment la naissance des volutes. Il tracera ensuite les volutes du plan et celles de l'élévation, par le moyen des échelles ci-contre, qui se construisent de la manière suivante :

429. Ayant tracé la grande volute sur un papier séparé, d'après la méthode de la planche 65 (a), on tracera la ligne AB, *fig.* 1re, parallèle à la ligne EF; puis on mènera perpendiculairement à AB les lignes de projection AE, AI, AI.... et BF; les lignes AE et BF détermineront la longueur de la ligne AB, sur laquelle on construira un triangle équilatéral AGB ; puis on joindra, par des droites, les points A, A...., et B au point G.

430. L'échelle construite sur la ligne CD *fig.* 1re se trace de la même manière, ainsi que les échelles de la *fig.* 2me.

431. Pour faire usage de ces échelles, il faut, après avoir tiré les lignes HA, AC, CB, BD, DE

(a) Il sera bon de tracer cette volute sur une grande échelle, afin qu'elle puisse servir pour toutes les grandeurs de chapiteau qu'on aurait à tracer.

etc., *fig.* 3ᵐᵉ, 1° prendre sur l'échelle destinée à construire le chapiteau que l'on veut dessiner, 6 minutes ³/₅, ce qui est la longueur de la ligne CD, *fig.* 1ʳᵉ, et les porter de H en L et en M; joindre les points L et M par une droite, et les intersections qui seront sur cette ligne détermineront l'écartement des perpendiculaires qu'il faudra tracer sur les lignes, AC, CB, EF, etc., la première étant distante du centre du plan de 1 module 6 minutes ¹/₂, à partir de l'intersection qu'elle fait avec la ligne AC ou CB, etc.; 2° prendre également, sur l'échelle destinée à construire le chapiteau que l'on veut dessiner, 4 minutes ¹¹/₂₂, ce qui est la longueur de la ligne CD, *fig.* 2. et les porter de H en O et en P; joindre les points O et P par une droite, et les intersections qui seront sur cette ligne, détermineront l'écartement des perpendiculaires qu'il faudra tirer sur les lignes HA, BD, DE, GI, etc., le premier étant distant du centre du plan de 17 minutes ¹/₂, à partir de l'intersection qu'elle fait avec la ligne BD ou DF, etc; après cela on trace les volutes suivant la forme qu'elles ont sur le modèle.

432. Pour tracer les volutes qui sont dans l'élé-

vation du chapiteau, il faut, après avoir tiré les lignes de projection qui partent du plan des volutes, prendre la hauteur de la grande volute qui est de 8 minutes, et la porter de G en O et en P, *fig.* 1re; joindre les points O et P par une droite, et les intersections qui seront sur cette ligne détermineront l'écartement des lignes de projection qu'il faudra tracer parallèlement à celles qui déterminent la hauteur des différentes moulures du tailloir, la première de ces projections devant être la même que la ligne inférieure du tailloir dont il s'agit; toutes les lignes de projection étant tracées, on dessinera les grandes volutes à la main, suivant la forme qu'elles ont sur le modèle.

Les petites volutes se dessinent de la même manière.

433. L'élève passe ensuite aux détails n° 3, planche 55me; il effacera la partie des volutes que les caulicoles doivent couvrir, et en tracera la première ébauche, comme elle est indiquée sur le plan et sur l'élévation du chapiteau.

434. Pour exécuter les détails n° 4, planche 56me, l'élève dessinera la seconde ébauche des caulicoles, de la manière indiquée dans le plan

et dans l'élévation, et tracera la première ébauche des fleurons.

435. L'élève, après avoir effacé la partie des caulicoles que les grandes feuilles doivent couvrir, en tracera la première ébauche de la manière indiquée sur le plan et sur l'élévation du chapiteau n° 5, planche 57me, et tracera la seconde ébauche des fleurons.

436. Enfin, après avoir effacé les parties que les petites feuilles doivent recouvrir, l'élève en fera la première ébauche; puis il fera la seconde ébauche des grandes feuilles d'après les détails n° 6, planche 58me.

437. *Il suffit de jeter un coup d'œil sur la diversité des lignes de projection qui dérivent des différents plans contenus dans les planches 53 à 58, pour être convaincu qu'il était nécessaire de les présenter séparément, afin de prévenir la confusion que ces détails auraient nécessairement portée dans l'esprit des élèves, si on les eût réunis dans une même planche.*

PLANCHE CINQUANTE-NEUVIÈME.

CHAPITEAU VU D'ANGLE.

438. Pour faire le tracé de ce chapiteau, on doit d'abord dessiner le plan (425), puis l'élévation, en employant les mêmes moyens que nous avons indiqués pour le tracé des planches précédentes 428 à 437.

PLANCHE SOIXANTIÈME.

COUPE DU CHAPITEAU.

439. Pour faire le tracé de cette planche, on doit faire premièrement le plan (409), puis le tailloir, la campane et la partie supérieure du fût qui se trouve dans l'élévation ; après quoi on trace successivement les volutes, les fleurons et les feuilles qui se trouvent dans l'élévation du chapiteau, comme il est indiqué sur la planche.

PLANCHES SOIXANTE-UNIÈME A SOIXANTE-QUATRIÈME,

(*Inclusivement.*)

DÉTAILS DU CHAPITEAU

DE LA

PLANCHE SOIXANTE - QUATRIÈME & CHAPITEAU CORINTHIEN SUR UNE GRANDE ÉCHELLE (*a*),

N°s 1, 2, 3.

440. Pour obtenir la largeur des feuilles, figurées dans la première ébauche, planche 61me, il

---

(*a*) Les élèves ayant déjà une connaissance suffisante du chapiteau corinthien, il n'a pas été nécessaire de placer, avant les détails, celui qui est tracé à la planche 64me.

faut tracer, sur un papier détaché, les principales parties du plan du chapiteau, et tirer des lignes de projection qui donneront la largeur de chacune d'elles, comme on l'a vu aux planches 57 et 58; on fera aussi, pour les volutes, ce qui a été dit n⁰ˢ 429 à 433.

441. Les planches 61 à 64 inclusivement, n'exigent qu'un seul dessin; en effet, après avoir tracé légèrement au crayon la première ébauche, d'après la planche 61me, l'élève passera à la planche 62me, pour tracer la seconde, et à la planche 63me, pour tracer la troisième; il observera que les points placés dans ces détails, indiquent les endroits où doivent se terminer les lignes qui achèvent le tracé des feuilles du chapiteau; enfin, il perfectionnera le tracé des feuilles, d'après la planche 64me, et son chapiteau étant complètement exécuté au crayon, il le passera à l'encre, en observant ce que nous avons dit (237).

PLANCHE SOIXANTE-CINQUIÈME.

DÉTAILS

DE LA GRANDE VOLUTE CORINTHIENNE.

442. Après avoir porté la hauteur indiquée par les cotes, il faut tirer la ligne A B, passant par le centre de l'œil de la volute; partager la droite A S en huit parties égales, et à partir de A, sur la cinquième partie, comme diamètre, décrire une circonférence; tirer par le point O, la sécante D E, formant, avec le diamètre du cercle, un angle de 45 dégrés, et partager la

partie renfermée dans le cercle en six parties égales; faire passer par le point 1 la ligne C J, parallèle à A B; du point 1, comme centre, et d'une ouverture de compas égale à 1 C, décrire l'arc C D; du point 2, et d'une ouverture de compas égale à 2 D, décrire l'arc D E; du point 3, et d'une ouverture de compas égale à 3 E, décrire l'arc E F; du point 4, et d'une ouverture de compas égale à 4 F, décrire l'arc F G; du point 5, et d'une ouverture de compas égale à 5 G, décrire l'arc G H; du point 6, et d'une ouverture de compas égale à 6 H, décrire l'arc H I; enfin du point 13, milieu de la ligne 2 I, décrire l'arc I 2.

443. Pour avoir les centres de la deuxième révolution, il faut partager la ligne renfermée entre les points 1 et 3, en cinq parties égales, et en porter une de 1 en 7, de 3 en 9, de 5 en 11, de 6 en 12, de 4 en 10 et de 2 en 8.

444. Après avoir fait passer par le point 7 une ligne $z\,x$, parallèle à C J, et avoir porté la distance O K de z en c, il faut opérer sur les nouveaux centres, comme on l'a fait sur les premiers; c'est-à-dire, qu'il faut poser la pointe sè-

che du compas au point 7, et, avec un rayon égal à 7 c, décrire l'arc $c\,d$; la poser au point 8, et, avec un rayon égal à 8 d, décrire l'arc $d\,e$; la poser au point 9, et, avec un rayon égal à 9 e, décrire l'arc $e\,f$; la poser au point 10, et, avec un rayon égal à 10 f, décrire l'arc $f\,g$; la poser au point 11, et, avec un rayon égal à 11 g, décrire l'arc $g\,h$; enfin la poser au point 12, et, avec un rayon égal 12 h, décrire l'arc h 1.

445. Pour tracer la naissance de la volute, il faut du point J, comme centre, et avec le rayon J C, décrire l'arc C M; du point x, comme centre, et avec le rayon $x\,c$, décrire l'arc c N; faire passer par le point 3, une ligne indéfinie R L, parallèle à $z\,x$; partager la ligne c V en deux parties égales et en porter une de N en P, joindre les points P et R par une droite, élever, sur le milieu de cette droite, la perpendiculaire Q T, prolongée jusqu'à la rencontre de la ligne R L, le point de rencontre L, sera le centre de l'arc R P.

PLANCHE SOIXANTE-SIXIEME.

DÉTAILS

DE LA PETITE VOLUTE CORINTHIENNE.

446. Après avoir porté la hauteur indiquée par les cotes, il faut tirer la ligne A B, passant par le centre de l'œil de la volute ; partager la droite A a en huit parties égales, et, à partir de A, sur la cinquième partie, comme diamètre, décrire une circonférence : tirer, par le point O, la sécante D C, formant, avec le diamètre du cercle, un angle de 45 degrés, et partager la partie renfermée dans le cercle, en six parties égales; faire passer, par le point 1, la ligne I Z, parallèle à A B; du point 1, comme centre, et d'une ouverture de

compas égale à 1 I, décrire l'arc I C; du point 2, et d'une ouverture de compas égale à 2 C, décrire l'arc C D; du point 3, et d'une ouverture de compas égale à 3 D, décrire l'arc D E ; du point 4, et d'une ouverture de compas égale à 4 E, décrire l'arc E F; du point 5, et d'une ouverture de compas égale à 5 F, décrire l'arc F G; du point 6, et d'une ouverture de compas égale à 6 G, décrire l'arc G H ; enfin du point 13, milieu de la ligne 2 H, décrire l'arc H 2.

447. Pour avoir les centres de la deuxième révolution, il faut partager la ligne renfermée entre les points 1 et 3, en cinq parties égales, et en porter une de 1 en 7, de 3 en 9, de 5 en 11, de 6 en 12, de 4 en 10 et de 2 en 8.

448. Après avoir fait passer par le point 7 la ligne n J, parallèle à I Z, et porté la distance O K de n en i, il faut opérer sur les nouveaux centres comme on a opéré sur les premiers; c'est-à-dire, qu'il faut poser la pointe sèche du compas au point 7, et, avec un rayon égal à 7 i, décrire l'arc i c ; la poser au point 8, et, avec un rayon égal à 8 c, décrire l'arc c d; la poser au point 9, et, avec un rayon égal à 9 d, décrire l'arc d e ; la

poser au point 10, et, avec un rayon égal à 10 *e*, décrire l'arc *e f*; la poser ou point 11, et, avec un rayon égal à 11 *f*, décrire l'arc *f g*; enfin la poser au point 12, et, avec un rayon égal à 12 *g*, décrire l'arc *g* 1.

449. Pour tracer la naissance de cette volute, il faut porter 3 fois la distance O K de 1 en *r*; joindre les points C et *r* par une droite, prolongée jusqu'à la rencontre de la ligne R S; du point *r*, comme centre, avec le rayon *r* I, décrire l'arc I M; du point J, comme centre, et avec le rayon J *i*, décrire l'arc *i* N; faire passer par le point 3 la ligne *m* L, parallèlement à P J, et prolongée jusqu'à la rencontre de l'arc *e f*, et joindre, par une droite indéfinie, les points Q et L; du point L comme centre, et avec le rayon L *m*, décrire l'arc *m* Q; du point S, comme centre, et, avec le rayon S M, décrire l'arc M U; du même point S, et, avec le rayon S N, décrire l'arc N V; prendre la moitié de la ligne P *i*, et la porter de V en X, joindre les points Q et X par une droite, élever sur le milieu de cette droite, la perpendiculaire *x y*, prolongée jusqu'à la rencontre de la ligne Q L; le point de rencontre T, sera le centre de la courbe Q X.

PLANCHE SOIXANTE-SEPTIÈME.

DÉTAILS DE L'ENTABLEMENT

DE LA

PLANCHE QUARANTE-NEUVIÈME ET DU **PIÉDESTAL**
DE LA **PLANCHE QUARANTE-HUITIÈME.**

---

450. Ces détails sont principalement donnés pour faire connaître quelles sont les proportions des ornements qui décorent la corniche et l'architrave.

451. Les denticules étant un des ornements principaux de cet entablement, ils déterminent tous les autres, comme on le voit par les lignes

verticales ponctuées; ainsi, par exemple, on trouvera un ove au-dessus de chaque denticule, et un dard au-dessus de chaque espacement; un rais-de-cœur, au-dessous de chaque denticule, et un autre au-dessous de chaque espacement; les autres ornements sont placés dans le même ordre.

452. Il faut commencer le tracé de cette planche par ce qui a été prescrit n° 232, et tracer ensuite au crayon toutes les lignes qui déterminent la position de chaque ornement (*elles sont représentées sur la planche par des lignes ponctuées*); puis on dessine chaque ornement, commençant par les principaux contours, comme on le voit sur la planche même.

453. Quant aux ornements qui décorent la base et la corniche du piédestal, on les obtient en traçant autant de divisions qu'il y en a d'indiquées dans les moulures.

454. *Quand tout est parfaitement terminé au crayon, on le passe à l'encre (237).*

455. *Les élèves qui seront fidèles à suivre les moyens que nous venons d'indiquer n'éprouveront aucune difficulté pour faire le tracé de ces ornements.*

PLANCHE SOIXANTE-HUITIÈME.

DÉTAILS

DE LA PLANCHE CINQUANTIÈME.

—⊙⊰⊱⊙—

456. Pour faire le tracé du rinceau qui décore la frise de la planche 50me, il faut d'abord tracer à la main la suite des spirales qui se trouvent dans la *figure* 1re; puis tracer la 1re ébauche indiquée dans la *figure* 2me, et ainsi de suite, pour celles qui se trouvent dans les *figures* 3 et 4. On achève ensuite le tracé des feuilles qui composent le rin-

ceau, tel qu'on le voit sur la planche 50me; puis on passe à l'encre comme il a été indiqué, n° 237.

457. *Tous les rinceaux que l'on pourrait avoir à tracer, doivent être faits de la même manière.*

PLANCHE SOIXANTE-NEUVIÈME.

FRONTON

VU DE FACE, DE PROFIL ET SUR LA COUPE D G.

458. Cette planche renfermant les mêmes parties que la planche 5me, il est inutile d'en répéter l'explication : il faut seulement relire ce qui a été dit (**122** à **129**). Quant à la manière de faire les modillons qui sont dans la corniche rampante de la figure 3me, il faut tirer des lignes au crayon, à des distances égales à celles qui sont ponctuées, dans le tympan de la figure 1re; elles détermineront la hauteur des modillons, ainsi que celle de la partie des caissons que l'on aperçoit.

PLANCHE SOIXANTE-DIXIÈME.

ENTRE-COLONNEMENT.

459. Pour en faire le tracé, il faut d'abord déterminer sa hauteur (ici elle est de 0^m294); chercher ensuite celle de l'entablement et celle de la colonne (29), ainsi que la longueur du module (25).

460. Le module étant trouvé, on porte successivement la hauteur de la base de la colonne, qui est de 1 module ; celle du fût, qui est de 16 modules 12 minutes ; celle du chapiteau, qui est de

2 modules 6 minutes; celle de l'architrave, qui est de 1 module 9 minutes; celle de la frise, qui est de 1 module 9 minutes; et enfin celle de la corniche, qui est de 2 modules.

461. Les axes des colonnes sont espacés de 6 modules 12 minutes.

462. *Pour la hauteur et la saillie des moulures de ces différentes parties, voir n°s 59 et 61.*

36me PROBLÈME.

463. Sur un terrain de 65^m 70 de longueur et 45^m 70 de largeur, on veut élever un édifice, entouré d'une colonnade corinthienne; on demande 1° quel sera l'espacement des axes des colonnes; 2° combien il y aura d'entre-colonnements sur la longueur et sur la largeur, si on suppose l'édifice entouré de promenades, ayant chacune 8^m 85 de largeur; 3° quelle sera la hauteur de l'ordre, les chapiteaux étant supposés de 0^m 70 de hauteur.

Solution.

464. Pour faire cette opération, il faut d'abord diviser la hauteur du chapiteau par $2\,{}^1/_3$ (460), pour avoir la longueur du module, que l'on multipliera par $6\,{}^2/_3$ (461), pour obtenir l'espacement des axes des colonnes; retrancher ensuite de la longueur du terrain la largeur des deux promenades qui doivent se trouver aux deux extrémités de l'édifice, et diviser le reste par l'espacement métrique des axes, pour obtenir le nombre d'entre-colonnements qu'il doit y avoir sur la longueur; faire le même retranchement et la même division sur la largeur du terrain, pour obtenir le nombre d'entre-colonnements qu'il doit y avoir sur les côtés de l'édifice. Pour obtenir la hauteur de l'ordre, il faut multiplier la longueur du module par **20** (12), et augmenter de ${}^1/_4$ le produit de cette multiplication (15).

$0^m\,70 : 2\,{}^1/_3 = 0^m\,30$, longueur du module.
$0^m\,30 \times 6\,{}^2/_3 = 2^m$, espacement des axes des colonnes.

65 m 70 — 8 m 85 × 2 = 48 m : 2 = 24, nombre d'entre-colonnements sur la longueur.

45 m 70 — 8 m 85 × 2 = 28 m : 2 = 14, nombre d'entre-colonnements sur la largeur.

0 m 30 × 20 = 6 m : 4 = 1 m 50 + 6 m = 7 m 50, hauteur de l'ordre.

Exercices.

Que faut-il faire pour tracer un entre-colonnement corinthien? (459 et 460) Que fant-il faire pour résoudre le 36ᵐᵉ problème? (464)

PLANCHE SOIXANTE-ONZIÈME.

ENTRE-COLONNEMENT

AVEC PORTIQUE SANS PIÉDESTAL.

465. La seule différence qui existe dans le tracé de cet entre-colonnement et celui de la planche 70me, c'est que les axes des colonnes sont espacés de 12 modules ; il faudra donc employer les mêmes procédés que ceux qui sont indiqués, n°s 459 et 460.

466. On remarquera que le pied-droit a 1 module 9 minutes de largeur, à partir de l'axe de la colonne, et 13 modules 9 minutes de hauteur, et

que l'arcade a 9 modules d'espacement d'un pied-droit à l'autre.

467. Le fût de la colonne est engagé dans le pied-droit de 9 minutes, et il saille de 1 module 9 minutes.

37me PROBLÈME.

468. On veut faire décorer les deux côtés d'une salle, haute de 3^{m} 80, et longue de 14^{m} 35, d'un entre-colonnement avec portique sans piédestal ; comment le peintre s'y prendra-t-il pour trouver 1° l'espacement des axes des colonnes : 2° le nombre d'espacement ; 3° l'étendue de terrain qui reste à partir des axes des dernières colonnes, pour arriver aux extrémités des murs ? *Les deux extrémités de l'entablement doivent être profilées.*

Solution.

469. Il divisera la hauteur donnée par 5, et multipliera le quotient par 4, pour obtenir la hauteur de la colonne (29), qu'il divisera par 20,

pour avoir la longueur du module (**12**); puis il multipliera le module obtenu par **12** (465), pour obtenir l'espacement des axes des colonnes; il divisera ensuite la longueur métrique du mur par l'espacement métrique des axes, pour avoir le nombre d'entre-colonnements qu'il y aura sur un mur; le double de ce nombre donnera celui qu'on cherche; la moitié du reste de la dernière division donnera l'espace qu'il y aura entre l'axe des dernières colonnes et les extrémités du mur.

$3^m 80 : 5 = 0^m 76 \times 4 = 3^m 04 : 20 \times 0^m 152$, longueur du module.

$0^m 152 \times 12 = 1^m 824$, espacement des axes des colonnes.

$14^m 35 : 1^m 824 = 7 \times 2 = 14$, nombre d'espacement.

Il reste $1^m 582$, dont la moitié $= 0^m 791$, espace restant entre le dernier axe et l'extrémité du mur.

Exercices.

Que faut-il faire pour tracer un entre-colonnement corinthien avec portique sans piédestal? (465 et 466) Que faut-il faire pour résoudre le 37me problème? (469)

PLANCHE SOIXANTE-DOUZIÈME.

ENTRE-COLONNEMENT

AVEC PORTIQUE & PIÉDESTAL.

470. Après avoir déterminé la hauteur de cet entre-colonnement (ici elle est de $0^m 332$), il faut déterminer la hauteur du piédestal de la colonne, celle de l'entablement (30), et la longueur du module (23)?

471. Porter ensuite la hauteur du piédestal, qui est de 6 modules, **12** minutes; distribués

comme il suit : pour la base 14ᵐ $^1/_4$ pour le socle, 5 modules 1 minute $^1/_2$; pour la corniche, 14 minutes $^1/_4$; et pour le reste, comme ci-devant (460).

472. Les axes des colonnes sont espacés de 16 modules.

473. Le pied-droit a 2 modules de largeur à partir de l'axe de la colonne, et 18 modules 15 minutes de hauteur.

474. L'espacement de l'arcade est de 12 modules.

475. Le fût de la colonne est engagé dans le pied-droit de 12 minutes, et il saille en avant de 1 module 6 minutes.

38ᵐᵉ PROBLÈME.

476. On a trouvé dans les décombres d'une ancienne église, la partie inférieure d'un chapiteau corinthien dont les petites feuilles, qui sont très bien conservées, ont 0ᵐ 34 de hauteur; d'autres débris annoncent que, dans cet édifice, il y avait des entre-colonnements avec portique et piédestal,

selon Vignole; on demande 1° quelle a dû être la hauteur de l'ordre complet; 2° quel était l'espacement des axes des colonnes; 3° quel était celui des pieds-droits.

Solution.

447. Pour faire cette opération, il faut se rappeler que la hauteur des petites feuilles du chapiteau corinthien est de 12 minutes; d'après ce principe, il suffit d'ajouter la moitié à la hauteur métrique des petites feuilles, pour obtenir la longueur du module; multiplier ensuite cette longueur par 20 (12), pour obtenir la hauteur de la colonne, que l'on divisera par 4, puis par 3 (15), pour avoir la hauteur de l'entablement et celle du piédestal. Réunissant les trois hauteurs obtenues, on aura la hauteur de l'ordre complet. Pour obtenir l'espacement des axes des colonnes, il faut multiplier la longueur du module par 16 (472); pour obtenir celui des pieds-droits, il faut la multiplier par 12 (472 et 473).

Hauteur des petites feuilles 0 ᵐ 34 + 17 pour la $^1/_2$ = 0 ᵐ 51, longueur du module.

0 ᵐ 51 × 20 = 10ᵐ 20, hauteur de la colonne.

10 ᵐ 20 : 4 = 2ᵐ 55, hauteur de l'entablement.

10 ᵐ 20 : 3 = 3ᵐ 40, hauteur du piédestal.

10ᵐ 20 + 2ᵐ 55 + 3ᵐ 40 = 16ᵐ 15, hauteur de l'ordre complet.

0ᵐ 51 × 16 = 8ᵐ 16, espacement des axes des colonnes.

0ᵐ 51 × 12 = 6ᵐ 12, espacement des pieds-droits.

Exercices.

Que faut-il faire après avoir déterminé la hauteur d'un entre-colonnement corinthien avec portique et piédestal? (470 et 471) Quel est l'espacement des axes des colonnes d'un entre-colonnement avec portique et piédestal? (472) Quelle est la largeur du pied-droit, à partir de l'axe de la colonne, et sa hauteur? (473) Quel est l'espacement de l'arcade? (474) Que faut-il faire pour résoudre le 38ᵐᵉ problème? (477)

ORDRE CORINTHIEN

SELON PALLADIO.

PRINCIPES GÉNÉRAUX

POUR LE TRACÉ DE L'ORDRE CORINTHIEN ET DE L'ORDRE COMPOSITE, SELON PALLADIO.

478. Palladio donne le quart de la hauteur de la colonne pour celle du piédestal corinthien *(pour celle du piédestal composite, il suit la même règle que Vignole (15)*; et pour celle de l'entablement

de ces deux ordres, le cinquième de la hauteur de la colonne. D'après ces principes, si l'on donnait la hauteur d'un ordre corinthien complet et et que l'on voulût savoir celle de ses trois membres principaux, il faudrait diviser la hauteur donnée en 29 parties égales, et les répartir comme il suit : 5 pour le piédestal, 20 pour la colonne, et 4 pour l'entablement; s'il s'agissait de l'ordre composite, on diviserait la hauteur donnée en 23 parties égales; que l'on répartirait ainsi : 3 pour l'entablement, 15 pour la colonne, et 5 pour le piédestal.

39me PROBLÈME.

On veut élever un ordre corinthien complet de 15^m 66 de hauteur; quelle sera celle de chacun de ses trois membres principaux.

Solution.

Hauteur donnée 15^m 66 : 29 = 0^m 54 × 5 = 2^m 70, hauteur du piédestal.

0^m 54 × 20 = 10^m 80, hauteur de la colonne.

0^m 54 × 4 = 2^m 16, hauteur de l'entablement.

2^m 70 + 10^m 80 + 2^m 16 = 15^m 66, hauteur totale de l'ordre complet.

479. Si la hauteur avait été donnée pour un ordre sans piédestal, il aurait fallu diviser la hauteur donnée en 6 parties égales, la première partie aurait déterminé la hauteur de l'entablement et les 5 autres celle de la colonne.

40me PROBLÈME.

On demande quelle est la hauteur de l'entablement et de la colonne d'un entre-colonnement avec portique sans piédestal, sa hauteur étant de 3^m 60.

Solution.

Hauteur de l'ordre $\begin{cases} 1 = 0^m 60, \text{ hauteur de l'entablement.} \\ 5 = 3^m, \text{ hauteur de la colonne.} \end{cases}$
$3^m 60 : 6 = 0^m 60 \times$

Exercices.

Quelle hauteur Palladio donne-t-il au piédestal de l'ordre corinthien ? (478) Quelle règle Palladio suit-il pour le piédestal composite ?

(478) Quelle hauteur Palladio donne-t-il à l'entablement de l'ordre corinthien et de l'ordre composite? (478) D'après les principes établis par Palladio, si l'on donnait la hauteur d'un ordre complet, que faudrait-il faire pour avoir la hauteur de ses trois membres principaux? (478) Si la hauteur avait été donnée pour un ordre sans piédestal, en combien de parties aurait-il fallu la diviser? (479)

PLANCHE SOIXANTE-TREIZÈME.

PIÉDESTAL ET BASE

DE LA COLONNE.

DU PIÉDESTAL.

480. Le piédestal est le quart de la colonne (478); il a 4 modules 22 minutes $^1/_2$ de hauteur, et se divise en trois parties principales, qui sont : la base, le socle et la corniche (5).

DE LA BASE DU PIÉDESTAL.

481. La base du piédestal a 1 module 8 minu-

tes de hauteur, et 15 minutes de saillie, à partir du nu du socle.

DU SOCLE.

482. Le socle a 2 modules 26 minutes de hauteur, et 1 module 12 minutes de saillie, à partir de l'axe.

DE LA CORNICHE DU PIÉDESTAL.

483. La corniche du piédestal a 18 minutes $\frac{1}{2}$ de hauteur, et 15 minutes de saillie, à partir du nu du socle.

DE LA BASE DE LA COLONNE.

484. Cette base a 1 module de hauteur, et 12 minutes de saillie, à partir du nu du fût.

485. *Pour la hauteur et la saillie des moulures qui composent ces différentes parties, voir n°s 59 et 61.*

41me PROBLÈME.

486. On demande quelles doivent être les pro-

portions d'un piédestal destiné à porter une colonne dont la base a 0^m 84 de diamètre, pris sur le plus gros tore.

Solution.

487. Le diamètre de la base de la colonne étant de 2 modules 24 minutes (484), il faut le diviser par $2\,4/_5$, ou par 14, en répétant 5 fois le quotient pour avoir la longueur du module. Le module étant trouvé, on porte les hauteurs et les saillies des moulures comme il est indiqué sur la planche 73me.

$0^m\,84 : 2\,4/_5 = 0^m\,30$, longueur du module.

Exercices.

Quelle est la hauteur du piédestal corinthien, et en combien de parties principales se divise-t-il ? (480) Quelle est la hauteur de la base du piédestal corinthien, et sa saillie, à partir du nu du socle ? (481) Quelle est la hauteur du socle corinthien, et sa saillie, à partir de l'axe ? (482) Quelle est la hauteur de la corniche du piédestal corinthien et sa saillie, à partir du nu du socle ? (483) Quelle est la hauteur de la base de la colonne corinthienne et sa saillie, à partir du nu du fût ? (384) Que faut-il faire pour résoudre le 41me problème ? (487)

PLANCHE SOIXANTE-QUATORZIÈME.

ENTABLEMENT ET CHAPITEAU.

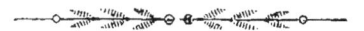

DE L'ENTABLEMENT.

488. L'entablement est le $1/5$ de la colonne (478); il a 3 modules 24 minutes de hauteur, et se divise en trois parties principales, qui sont : l'architrave, la frise et la corniche (5).

DE L'ARCHITRAVE.

489. L'architrave a 1 module 8 minutes de hau-

teur, et 8 minutes $^1/_2$ de saillie, à partir du nu de la frise.

DE LA FRISE.

490. La frise a 28 minutes $^1/_2$ de hauteur, et 26 minutes de saillie, à partir de l'axe.

DE LA CORNICHE.

491. La corniche a 1 module 17 minutes $^1/_2$ de hauteur, et 1 module 18 minutes de saillie, à partir du nu de la frise.

DU CHAPITEAU.

492. Le chapiteau a 2 modules 10 minutes de hauteur, et 1 module 15 minutes de saillie, à partir de l'axe.

493. Les modillons sont espacés de 23 minutes $^3/_4$, et ils ont 11 minutes de largeur.

494. L'espacement des denticules est de 1 minute $^1/_2$, et leur largeur de 3 minutes.

495. *Pour la hauteur et la saillie des moulures qui composent ces différentes parties, voir n*^{os} *59 et* 61.

42me PROBLÈME.

496. On a trouvé un entablement corinthien selon Palladio de 1^m 52 de hauteur, on demande quelle était la hauteur de la colonne qui le soutenait.

Solution.

497. Pour résoudre ce problème il faut multiplier la hauteur de l'entablement par 5 (478), et l'on obtiendra celle de la colonne.

1^m 52 × 5 = 7^m 60, hauteur de la colonne.

Exercices.

Quelle est la hauteur de l'entablement corinthien, et en combien de parties se divise-t-il?

(488) Quelle est la hauteur de l'architrave corinthien et sa saillie, à partir du nu de la frise? (489) Quelle est la hauteur de la frise corinthienne et sa saillie, à partir de l'axe? (490) Quelle est la hauteur de la corniche corinthienne et sa saillie, à partir du nu de la frise? (491) Quelle est la hauteur du chapiteau corinthien et sa saillie, à partir de l'axe? (492) Quel est l'espacement des modillons et leur largeur? (493) Quel est l'espacement des denticules corinthiens et leur largeur? (494) Que faut-il faire pour résoudre le 42me problème? (497)

PLANCHE SOIXANTE-QUINZIÈME.

DÉTAILS DES PLANCHES

SOIXANTE-TREIZIÈME & SOIXANTE-QUATORZIÈME

498. Pour faire le tracé de ces détails il faut recourir aux n°⁵ 232 à 238.

499. Cette planche contient en outre les détails des impostes et archivoltes de l'ordre ionique, du corinthien et du composite.

PLANCHE SOIXANTE-SEIZIÈME.

ENTRE-COLONNEMENT.

500. Pour faire le tracé de cet entre-colonnement, il faut d'abord déterminer sa hauteur (ici elle est de 0^{m}274); chercher ensuite celle de l'entablement et de la colonne (478), et la longueur du module (25).

501. Porter ensuite successivement la hauteur de la base de la colonne, qui est de 1 module; celle du fût, qui est de 15 modules 20 minutes;

celle du chapiteau qui est de 2 modules 10 minutes ; celle de l'architrave, qui est de 1 module 8 minutes ; celle de la frise, qui est de 28 minutes $1/2$; et celle de la corniche, qui est de 1 module 17 minutes $1/2$.

502. Tirer ensuite les axes des colonnes espacés de 6 modules, puis porter la hauteur et la saillie des moulures qui composent ces différentes parties comme il est indiqué n°s 59 et 61.

43me PROBLÈME.

503. Un professeur demande à un de ses élèves comment il s'y prendra, pour trouver la hauteur de l'entablement et de la colonne d'un entre-colonnement corinthien selon Palladio, l'espacement des colonnes étant supposé de 1^m 92.

Solution.

504. Il faudra diviser l'espacement des colonnes

par 4 (502), pour obtenir la longueur du module, qu'on multipliera par 19 (162), pour avoir la hauteur de la colonne ; puis on divisera cette hauteur par 5 (478), pour obtenir celle de l'entablement.

$1^m 92 : 4 = 0^m 48 \times 19 = 9^m 12$, hauteur de la colonne.
$9^m 12 : 5 = 1^m 824$, hauteur de l'entablement.

Exercices.

Comment faut-il faire le tracé d'un entre-colonnement corinthien ? (500 à 503) Que faut-il faire pour résoudre le 43ᵐᵉ problème ? (504)

PLANCHE SOIXANTE-DIX-SEPTIÈME.

ENTRE-COLONNEMENT

AVEC PORTIQUE & PIÉDESTAL.

505. Pour faire le tracé d'un entre-colonnement avec portique et piédestal, il faut commencer par déterminer sa hauteur (ici elle est de 0^m 311), ensuite celle du piédestal, de la colonne et de l'entablement (478), et enfin la longueur du module (162). Tracer ensuite les axes des colonnes espacés de 13 modules; puis porter la hauteur de

la base du piédestal, qui est de 1 module 8 minutes ; celle du socle, qui est de 2 modules 26 minutes; celle de la corniche du piédestal, qui est de 18 minutes $^1/_2$; et pour le reste, voir le n° 501.

506. Le pied-droit a 1 module 27 minutes de largeur, à partir de l'axe de la colonne, et 17 modules 22 minutes de hauteur.

507. L'espacement de l'arcade est de 9 modules 6 minutes.

508. Le fût de la colonne est engagé dans le pied-droit de 15 minutes, et il saille de 1 module 15 minutes.

509. *Pour la hauteur et la saillie des moulures, voir n°s 59 et 61.*

44me PROBLÈME.

510. On veut élever un édifice quadrangulaire entouré d'une galerie formée pour un entre-colonnement corinthien avec portique et piédestal, dont chaque face sera ornée de dix colonnes ; on de-

mande 1° combien il y aura d'entre-colonnements sur les quatre faces; 2° quel sera l'espacement de chaque entre-colonnement; 3° quelle distance il y aura entre les axes des colonnes placées aux angles de l'édifice; 4° quelle sera la hauteur de l'ordre complet, la diagonale des chapiteaux étant supposée de 1^m 40.

Solution.

511. Chaque face étant décorée de dix colonnes, chacune d'elles a 9 entre-colonnements, que l'on multipliera par 4 pour avoir le nombre total des entre-colonnements; on divisera ensuite la diagonale du chapiteau par 4 *(voir planche 53)*, pour obtenir la longueur du module, qui, multipliée par 11, donnera l'espacement des colonnes, et par 13, l'espacement des axes (505). Ensuite on multipliera cet espacement par 9 *(nombre d'entre-colonnements dans chaque face)*, pour obtenir la distance des axes des colonnes qui sont aux angles de l'édifice. Pour obtenir la hauteur de l'ordre

complet, il faudra multiplier la longueur du module par 19 (162), diviser le produit par 4, pour avoir la hauteur du piédestal, et par 5 pour avoir celle de l'entablement (478); joignant ensuite ces trois hauteurs, on aura celle de l'ordre complet.

$9 \times 4 = 36$, nombre total d'entre-colonnements.

$1^m 40^c : 4 = 0^m 35^c \times 11 = 3^m 85^c$, espacement des colonnes.

$0^m 35 \times 13 = 4^m 55 \times 9 = 40^m 95^c$, distance totale entre les axes des colonnes placées aux angles de l'édifice.

$0^m 35^c \times 19 = 6^m 65^c$, hauteur de la colonne.

$6^m 65^c : 4 = 1^m 6625$, hauteur du piédestal.

$6^m 65^c : 5 = 1^m 33^c$, hauteur de l'entablement.

$6^m 65^c + 1^m 6625 + 1^m 33^c = 9^m 6425$ hauteur de l'ordre complet.

Exercices.

Comment faut-il faire le tracé d'un entre-colonnement corinthien avec portique et piédestal ? (505) Quelle est la largeur du pied-droit corinthien et sa hauteur ? (506) Quelle est l'espacement de l'arcade ? (507) Que faut-il faire pour résoudre le 44me problème ? (511)

DE L'ORDRE COMPOSITE

EN GÉNÉRAL.

512. Cet ordre est appelé Composite parce qu'il réunit les feuilles du chapiteau corinthien aux volutes de l'ionique ; les ornements y sont prodigués avec une abondance qui lui ôte un peu de la grâce du corinthien, mais qui lui donne néanmoins une grande richesse.

ORDRE COMPOSITE

SELON VIGNOLE.

OBSERVATION.

513. *Avant d'expliquer les planches 78 et 79, on recommande aux élèves de n'en point faire le tracé avant celui des planches 80 à 84, pour les raisons énoncées déjà plusieurs fois (192).*

PLANCHE SOIXANTE-DIX-HUITIÈME.

PIÉDESTAL ET BASE

DE LA COLONNE COMPOSITE.

DU PIÉDESTAL.

514. Le piédestal est le $1/_3$ de la colonne (15); il a 6 modules 12 minutes de hauteur, et se divise en trois parties principales, qui sont: la base, le socle et la corniche (5).

DE LA BASE DU PIÉDESTAL.

515. La base du piédestal a 12 minutes de hau-

:eur, et 8 minutes de saillie, à partir du nu du socle.

DU SOCLE.

516. Le socle a 5 modules 4 minutes de hauteur, et 1 module 7 minutes de saillie, à partir de l'axe.

DE LA CORNICHE.

517. La corniche a 14 minutes de hauteur et 8 minutes de saillie, à partir du nu du socle.

DE LA BASE DE LA COLONNE.

518. La base de la colonne a 1 module de hauteur, et 7 minutes de saillie, à partir du nu du fût.

519. *Pour la hauteur et la saillie des moulures, voir n°s 59 et 61.*

520. *Cette* 78me *planche contient aussi la moitié du plan renversé du plafond de la corniche du piédestal, celle du plan de la base du piédestal, et celle du plan de la base de la colonne.*

521. *Pour le tracé de ces différents plans, voir n°s 99 et 100, en tenant compte de la différence des cotes.*

Exercices.

Quelle est la hauteur du piédestal corinthien et en combien de parties principales se divise-t-il? (514) Quelle est la hauteur de la base du piédestal corinthien et sa saillie, à partir du nu du socle? (515) Quelle est la hauteur du socle corinthien et sa saillie, à partir de l'axe? (516) Quelle est la hauteur de la corniche du piédestal corinthien et sa saillie, à partir du nu du socle? (517) Quelle est la hauteur de la base de la colonne corinthienne et sa saillie, à partir du nu du fût? (518)

PLANCHE SOIXANTE-DIX-NEUVIÈME.

ENTABLEMENT ET CHAPITEAU.

DE L'ENTABLEMENT.

522. L'entablement est le $^1/_4$ de la colonne (15); il a 5 modules de hauteur, et se divise en trois parties principales, qui sont : l'architrave, la frise et la corniche (5).

DE L'ARCHITRAVE.

523. L'architrave a 1 module 9 minutes de hau-

teur, et 7 minutes de saillie, à partir du nu de la frise.

DE LA FRISE.

524. La frise a 1 module 9 minutes de hauteur, et 15 minutes de saillie, à partir de l'axe.

DE LA CORNICHE.

525. La corniche a 2 modules de hauteur, et 2 modules de saillie, à partir du nu de la frise.

DU CHAPITEAU.

526. Le chapiteau a 2 modules 6 minutes de hauteur, et 1 module 9 minutes de saillie, à partir de l'axe de la colonne.

527. Les denticules ont chacun 6 minutes de largeur et sont espacés de 2 minutes.

528. *Pour la hauteur et la saillie des moulures, voir n*^{os} *59 et 61.*

529. *Pour le plan du chapiteau et du plafond de la corniche, voir ce qui a été dit n° 222.*

Exercices.

Quelle est la hauteur de l'entablement corinthien et en combien de parties principales se divise-t-il? (522) Quelle est la hauteur de l'architrave corinthienne et sa saillie, à partir du nu de la frise? (523) Quelle est la hauteur de la frise corinthienne et sa saillie, à partir de l'axe? (524) Quelle est la hauteur de la corniche corinthienne et sa saillie, à partir du nu de la frise? (525) Quelle est la hauteur du chapiteau corinthien et sa saillie, à partir de l'axe de la colonne? (526) Quelle est la largeur des denticules corinthiens et leur espacement? (527)

PLANCHES QUATRE-VINGTS & QUATRE-VINGT-UNIÈME.

DIVERS DÉTAILS ET COUPES.

530. Ces deux planches contiennent les coupes et les détails des planches 78 et 79, ainsi que les détails de l'imposte et de l'archivolte.

531. Pour faire le tracé de la volute qui se trouve dans la coupe du chapiteau, il faut employer la méthode indiquée ci-après (537 à 539).

PLANCHE QUATRE-VINGT-DEUXIÈME.

DÉTAILS DES VOLUTES

DE LA PLANCHE QUATRE-VINGT-QUATRIÈME.

532. Pour bien comprendre les détails de cette planche, il faut d'abord examiner attentivement les différents aspects sous lesquels la volute est représentée, et lire ensuite, avec beaucoup de réflexion, la méthode ci-après.

533. Le quart du plan du chapiteau renversé doit être commencé par des diagonales indéfinies

qui coupent le plan dudit chapiteau ; on trace ensuite la partie du chapiteau vue de face, mais renversée parallèlement à la diagonale inférieure, de manière que l'axe de ce chapiteau soit le prolongement de la diagonale supérieure ; la volute s'obtient par le procédé indiqué planche 36me ; cette partie du chapiteau étant passée à l'encre, on tire des lignes de projection parallèles à l'axe et perpendiculaires à la diagonale inférieure ; on arrête les diagonales à deux modules de longueur, à partir de leur intersection ; et, sur la ligne qui joint les deux extrémités de ces diagonales, on construit, comme base, un triangle mixtiligne équilatéral, dont le sommet est le centre des courbes qui déterminent le plan du tailloir.

534. Après avoir tracé les quarts de cercle dont les rayons sont indiqués par les cotes, il faut prolonger de 9 minutes la diagonale inférieure, et construire à son extrémité un angle de 22 degrés, qu'elle doit partager exactement ; les intersections formées par les côtés de cet angle, et les lignes projetées du chapiteau renversé, déterminent les contours du plan de la volute que l'on doit tracer à la main, dans la forme indiquée sur le plan.

Cette partie du plan étant passée à l'encre, on tire des lignes de projection d'une longueur indéfinie, mais parallèles à l'axe de la partie de la colonne, vue obliquement; on tire, dis-je, des lignes indéfinies, à partir des mêmes points que celles qu'on voit sur la planche.

555. On trace ensuite la seconde volute vue de face, par le procédé déjà indiqué planche 36me, et on la passe également à l'encre ; enfin, ayant tiré des lignes de projection perpendiculaires à l'axe, à partir de la cathète, l'élève tracera à la main la volute vue obliquement, en faisant passer les courbes par les points de contact, indiqués sur le modèle.

PLANCHES QUATRE-VINGT-TROISIÈME & QUATRE-VINGT-QUATRIÈME

DÉTAILS DU CHAPITEAU

DE LA PLANCHE QUATRE-VINGT-QUATRIÈME ET CHAPITEAU COMPOSITE SUR UNE GRANDE ÉCHELLE.

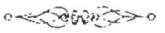

536. L'élève exécutera ces deux planches sur un seul dessin, qu'il commencera par le demi-cercle du plan de la partie supérieure du fût; puis, ayant tracé, sur un papier séparé, le quart du plan du chapiteau renversé de la planche précédente,

et fait correspondre l'axe au prolongement de l'une des diagonales, il tirera les lignes de projection indiquées, par des moyens analogues à ceux qu'il a employés pour la planche 82me (533 et 534); il lui suffira de retourner la volute séparée, pour obtenir la seconde volute, vue de face, au côté droit de la même planche 82me, et de tirer les lignes de projection qui y sont indiquées, à partir de la cathète (535).

537. Ce moyen étant assez long, parce qu'il faut tracer une nouvelle volute sur un papier séparé, chaque fois qu'il s'agit de dessiner un chapiteau sur une échelle différente, on peut, pour abréger le temps, employer le moyen suivant qui est applicable à toutes les volutes composites, sur quelque échelle qu'elles doivent être construites : après avoir tracé la volute sur un papier séparé, comme il est indiqué planche 36me, il faut tirer la ligne AC, *fig.* 1re, parallèle aux lignes qui déterminent le listel ; après quoi on mènera perpendiculairement à AC les lignes de projection AD, AB, AB... et CD; les lignes AE et CE détermineront la longueur de la ligne AC, sur laquelle on construira un triangle équilatéral ; puis on joindra

par des droites les points A, A..., etc., au point F. L'échelle, *fig.* 2me, se construit de la même manière, ayant soin de tracer la ligne G H, parallèle à la cathète.

538. Pour faire usage de cette échelle, il faut prendre sur l'échelle destinée à construire le chapiteau que l'on veut dessiner, 14 minutes, ce qui est la longueur de la ligne AC, et les porter de F en I et en J ; joindre les points I et J par une droite, et les intersections, qui seront sur cette ligne, détermineront l'écartement des projections qu'il faudra tirer perpendiculairement à la diagonale du plan du chapiteau, la première étant distante du centre de 17 minutes $^1/_2$; quand ces lignes de projection sont tracées, on dessine la volute à la main suivant la forme qu'elle a sur le modèle ; puis on trace les lignes de projection qui, partant du plan de la volute, vont se diriger vers l'élévation du chapiteau ; après cela, prendre sur l'échelle la hauteur de la volute, qui est de 16 minutes, la porter de L en N et en M, *fig.* 2me ; puis joindre les points N et M par une droite, et les intersections qui seront sur cette droite, détermineront les lignes de projection qu'il faudra tracer

perpendiculairement à l'axe, à partir du listel qui est dans le tailloir; toutes ces projections étant tracées, on dessine la volute à la main, faisant passer les courbes qui la déterminent tangentiellement aux lignes de projection, comme on le voit sur la planche 82me.

539. Après cette première opération, l'élève effacera légèrement la partie des volutes qui doit être recouverte par les feuilles d'acanthe, ainsi que les lignes de projection qui ont déterminé le contour des volutes; puis il fera les deux premières ébauches des feuilles, ayant soin de commencer par celles du plan, et observant ce qu'il a fait pour tracer le chapiteau corinthien; il perfectionnera ensuite ces ébauches, de la manière indiquée sur la planche 84me; quand tout est parfaitement tracé au crayon, on le passe à l'encre, en observant ce qui a été dit n° 232.

PLANCHE QUATRE-VINGT-CINQUIÈME.

FRONTON

VU DE FACE, DE PROFIL ET SUR LA COUPE D G.

540. Cette planche renfermant les mêmes parties que la planche 5me, il est inutile d'en répéter l'explication; mais il est important que l'élève relise ce qui en a été dit n^{os} **125** à **128** inclusivement.

PLANCHE QUATRE-VINGT-SIXIÈME.

ENTRE-COLONNEMENT.

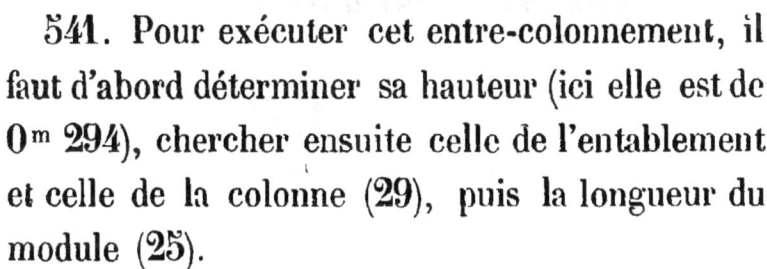

541. Pour exécuter cet entre-colonnement, il faut d'abord déterminer sa hauteur (ici elle est de 0^m 294), chercher ensuite celle de l'entablement et celle de la colonne (29), puis la longueur du module (25).

542. Le module étant trouvé, on portera successivement la hauteur de la base de la colonne, qui est de 1 module ; celle du fût, qui est de 16 mo-

dules 12 minutes; celle du chapiteau, qui est de 2 modules 6 minutes; celle de l'architrave, qui est de 1 module 9 minutes; celle de la frise, qui est de 1 module 9 minutes; et celle de la corniche, qui est de 2 modules.

543. Tirer ensuite les axes des colonnes, espacés de 6 modules 12 minutes, puis porter la hauteur et la saillie des moulures, comme il est indiqué (59 et 61).

Exercices.

Que faut-il faire pour exécuter un entre-colonnement corinthien ? (541 à 543)

PLANCHE QUATRE-VINGT-SEPTIÈME.

ENTRE-COLONNEMENT

AVEC PORTIQUE SANS PIÉDESTAL.

544. La seule différence qui existe dans le tracé de cet entre-colonnement et celui d'un entre-colonnement sans portique, est que les axes des colonnes sont espacés de 12 modules; il faudra donc avoir recours aux n°s 541 et 542.

545. Le pied-droit a 1 module 9 minutes de largeur, à partir de l'axe de la colonne, et 13 modules 9 minutes de hauteur.

546. L'espacement de l'arcade est de 9 modules.

547. Le fût de la colonne est engagé de 9 minutes dans le pied-droit, et il saille de 1 module 9 minutes.

Exercices.

Quelle est la différence qui existe entre le tracé d'un entre-colonnement corinthien avec portique sans piédestal et un entre-colonnement sans portique? (544) Quelle est la largeur du pied-droit à partir de l'axe de la colonne et quelle est sa hauteur? (545) Quel est l'espacement de l'arcade? (546)

PLANCHE QUATRE-VINGT-HUITIÈME.

ENTRE-COLONNEMENT

AVEC PORTIQUE & PIÉDESTAL.

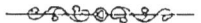

548. Pour faire le tracé d'un entre-colonnement avec portique et piédestal, il faut d'abord déterminer sa hauteur (ici elle est de 0^{m}332), puis celle du piédestal de la colonne, de l'entablement (29) et la longueur du module (23); porter ensuite la hauteur de la base du piédestal, qui est de douze minutes; celle du socle, qui est de 5 modules 4

minutes; celle de la corniche, qui est de 14 minutes; et pour le reste, comme ci-devant (541).

549. Les axes des colonnes sont espacés de 16 modules.

550. Le pied-droit a 2 modules de largeur, à partir de l'axe de la colonne, et 18 modules 14 minutes de hauteur.

551. L'espacement de l'arcade est de 12 modules.

552. Le fût de la colonne est engagé dans le pied-droit de 12 minutes, et il saille de 1 module 6 minutes.

Exercices.

Par où faut-il commencer le tracé d'un entre-colonnement corinthien avec portique et piédestal? (548) Quel est l'espacement des axes des colonnes d'un entre-colonnement avec portique et piédestal? (549) Quelle est la largeur du pied-droit à partir de l'axe de la colonne et quelle est sa hauteur? (550) Quel est l'espacement de l'arcade? (551)

ORDRE COMPOSITE

SELON PALLADIO.

553. Palladio prend le $1/5$ de la colonne composite pour la hauteur du piédestal de cet ordre, et le $1/5$ de cette même colonne, pour celle de l'entablement. D'après ces principes, si l'on donnait la hauteur d'un ordre complet, et que l'on voulût savoir celle de ses trois membres principaux, il faudrait diviser la hauteur donnée en 23 parties égales, et les distribuer comme il suit:

3 pour l'entablement ; 15 pour la colonne ; et 5 pour le piédestal.

554. Si la hauteur avait été donnée pour un ordre sans piédestal, il aurait fallu opérer comme au n° 479.

Exercices.

Que prend Palladio pour la hauteur du piédestal de l'ordre composite et pour celle de l'entablement ? (553) D'après ces principes, si l'on donnait la hauteur d'un ordre composite complet, que faudrait-il faire pour obtenir celle de ses trois membres principaux ? (553) Si la hauteur avait été donnée pour un ordre sans piédestal qu'aurait-il fallu faire ? (554)

PLANCHE QUATRE-VINGT-NEUVIÈME.

PIÉDESTAL ET BASE

DE LA COLONNE.

DU PIÉDESTAL.

555. Le piédestal est le $1/5$ de la colonne (553) ; il a 6 modules 20 minutes de hauteur, et se divise en trois parties principales, qui sont : la base, le socle et la corniche.

DE LA BASE DU PIÉDESTAL.

556. La base du piédestal a 1 module 20 mi-

nutes de hauteur, et 15 minutes de saillie, à partir du nu du socle.

DU SOCLE.

557. Le socle a 4 modules 4 minutes $^3/_4$ de hauteur, et 1 module 12 minutes de saillie, à partir de l'axe.

DE LA CORNICHE.

558. La corniche a 25 minutes $^1/_4$ de hauteur, et 15 minutes de saillie, à partir du nu du socle.

DE LA BASE DE LA COLONNE.

559. La base de la colonne a 1 module 1 minute $^1/_2$ de hauteur, et 12 minutes de saillie à partir du nu du fût.

560. *Pour la hauteur et la saillie des moulures, voir n*^{os} *59 et 61.*

561. *Cette planche contient encore le plan de la base de la colonne, la moitié du plan renversé de la corniche du piédestal, et la moitié du plan de la base du piédestal.*

Exercices.

Quelle est la hauteur du piédestal composite et en combien de parties principales se divise-t-il? (555) Quelle est la hauteur de la base du piédestal composite et sa saillie, à partir du nu du socle? (556) Quelle est la hauteur du socle composite et sa saillie, à partir de l'axe? (557) Quelle est la hauteur de la corniche composite et sa saillie à partir du nu du socle? (558) Quelle est la hauteur de la base de la colonne composite et sa saillie, à partir du nu du fût? (559)

PLANCHE QUATRE-VINGT-DIXIÈME.

ENTABLEMENT ET CHAPITEAU.

DE L'ENTABLEMENT.

562. L'entablement est le $1/4$ de la colonne ; il a 4 modules de hauteur et se divise en trois parties principales, qui sont : l'architrave, la frise et la corniche.

DE L'ARCHITRAVE.

563. L'architrave a 1 module 10 minutes de hauteur, et 9 minutes $5/4$ de saillie, à partir du nu de la frise.

DE LA FRISE.

564. La frise a 1 module de hauteur et 1 module 5 minutes de saillie, à partir de l'axe.

DE LA CORNICHE.

565. La corniche a 1 module 20 minutes de hauteur ; et 1 module 22 minutes $1/2$ de saillie, à partir du nu de la frise.

DU CHAPITEAU.

566. Le chapiteau a 2 modules 10 minutes de hauteur ; et 1 module 15 minutes de saillie, à partir de l'axe de la colonne.

567. *Pour la hauteur et la saillie des moulures, voir n°s 52 et 54.*

568. *Cette planche contient aussi la moitié du plan renversé du chapiteau ; et le plan du plafond de la corniche ; pour le tracé de ces différents plans, voir n° 308.*

Exercices.

Quelle est la hauteur de l'entablement compo-

site et en combien de parties principales se divise-t-il? *(562)* Quelle est la hauteur de l'architrave composite et sa saillie, à partir du nu de la frise? *(563)* Quelle est la hauteur de la frise composite et sa saillie, à partir de l'axe? *(564)* Quelle est la hauteur de la corniche composite et sa saillie, à partir du nu de la frise? *(565)* Quelle est la hauteur du chapiteau composite et sa saillie, à partir de l'axe de la colonne? *(566)*

PLANCHE QUATRE-VINGT-ONZIÈME.

DÉTAILS DU CHAPITEAU

DE LA PLANCHE QUATRE-VINGT-DIXIÈME.

569. Pour faire le tracé de cette planche, il faut avoir recours aux n°s 536 et aux suivants, jusqu'à 539 inclusivement.

PLANCHE QUATRE-VINGT-DOUZIÈME.

ENTRE-COLONNEMENT.

570. Pour faire le tracé de cet entre-colonnement, il faut d'abord déterminer sa hauteur (ici elle est de $0^m 289$), puis celle de la colonne, celle de l'entablement (479), et la longueur du module 162; laquelle étant trouvée, on portera successivement la hauteur de la base de la colonne, qui est de 1 module 1 minute $^1/_2$; celle du fût, qui est de 16 modules 18 minutes $^1/_2$; celle du chapiteau,

qui est de 2 modules 10 modules ; celle de l'architrave, qui est d'un module 10 minutes ; celle de la frise, qui est de 1 module ; et celle de la corniche, qui est de 1 module 20 minutes.

571. Tracer ensuite les axes des colonnes espacés de 5 modules.

572. Pour la hauteur et la saillie des moulures qui composent ces différentes parties, voir n°s 59 et 61.

Exercices.

Comment faut-il tracer un entre-colonnement composite? (570) Quel est l'espacement des axes des colonnes d'un entre-colonnement selon Palladio? (571)

PLANCHE QUATRE-VINGT-TREIZIÈME.

ENTRE-COLONNEMENT

AVEC PORTIQUE & PIÉDESTAL.

573. Pour faire le tracé de cet entre-colonnement, il faut d'abord déterminer sa hauteur (ici elle est de 0^m 302, puis celle du piédestal, de la colonne, de l'entablement (578), et la longueur du module (23); porter ensuite la hauteur de la base du piédestal, qui est de 1 module 20 minutes;

celle du socle, qui est de 4 modules 4 minutes $^3/_4$; celle de la corniche du piédestal, qui est de 25 minutes $^1/_4$; et pour le reste comme ci-devant n° 570.

574. La largeur du pied-droit est de 2 modules 12 minutes, à partir de l'axe de la colonne, et sa hauteur est de 19 modules 24 minutes $^1/_2$.

575. L'espacement des axes des colonnes est de 14 modules 15 minutes.

576. Le fût de la colonne est engagé dans le pied-droit de 15 minutes, et il saille de 1 module 15 minutes.

Exercices.

Que faut-il faire pour tracer un entre-colonnement composite avec portique et piédestal? (573) Quelle est la largeur du pied-droit, à partir de l'axe de la colonne, et quelle est sa hauteur? (574) Quel est l'espacement des axes des colonnes d'un entre-colonnement avec portique et piédestal? (575)

ORDRE POESTUM [a]

577. Cet ordre, non moins beau et plus ancien que ceux dont nous avons parlé jusqu'ici, tire son nom de l'ancienne ville de Pœstum, dont les ruines ont été découvertes, près de Naples, dans le siècle dernier. Il n'était plus en usage du temps de Vitruve, et les architectes modernes l'ont retrouvé dans les débris d'un temple qu'on croit avoir été dédié à Neptune.

(a) Cet ordre est aussi nommé dorique antique, mais plus communément dorique grec.

PLANCHE QUATRE-VINGT-QUATORZIÈME.

ENTABLEMENT ET CHAPITEAU.

578. Cet entablement a 3 modules 12 minutes de hauteur; il se divise en trois parties principales qui sont : l'architrave, la frise et la corniche (5).

DE L'ARCHITRAVE.

579. L'architrave a 1 module 11 minutes $1/2$ de hauteur, et 3 minutes $1/4$ de saillie, à partir du nu de la frise

DE LA FRISE.

580. La frise a 1 module 2 minutes $^1/_2$ de hauteur, et 20 minutes $^1/_4$ de saillie, à partir de l'axe.

DE LA CORNICHE.

581. La corniche a 28 minutes de hauteur et 1 module 2 minutes $^1/_2$ de la saillie, à partir du nu de la frise.

DU CHAPITEAU.

582. Le chapiteau a 1 module 2 minutes $^1/_2$ de hauteur, et 16 minutes de saillie, à partir du nu du fût.

583. *Pour la hauteur et la saillie des moulures dont se composent ces différentes parties, voir les cotes qui sont sur la planche même.*

584. *Cette planche présente encore la moitié du plan renversé du chapiteau et du plafond de la corniche.*

Exercices.

Quelle est la hauteur de l'entablement pœstum, et en combien de parties principales se divise-t-il? (578) Quelle est la hauteur de l'architrave pœstum et sa saillie, à partir du nu de la frise? (579) Quelle est la hauteur de la frise pœstum et sa saillie, à partir de l'axe? (580) Quelle est la hauteur de la corniche pœstum et sa saillie, à partir du nu de la frise? (581) Quelle est la hauteur du chapiteau pœstum et sa saillie, à partir du nu du fût? (582)

PLANCHE QUATRE-VINGT-QUINZIÈME.

CHAPITEAU ET BASE

DE LA COLONNE.

585. L'inspection seule de cette planche suffit pour en donner l'intelligence; il est bon cependant de faire remarquer que les centres qui ont servi à tracer le quart de rond, sont indiqués par des chiffres et déterminés par des lignes ponctuées.

ORDRE POESTUM. 511

PLANCHE QUATRE-VINGT-SEIZIÈME.

COUPES

DE L'ENTABLEMENT ET DU CHAPITEAU.

586. Cette planche contient les coupes et les détails de la planche 94me, ainsi que les détails de l'ante (a).

(a) Pilastre d'encoignure : on le nomme aussi *pilastre cornier*.

PLANCHE QUATRE-VINGT-DIX-SEPTIÈME.

ENTRE-COLONNEMENT.

587. Cet entre-colonnement a 13 modules 5 minutes de hauteur. Pour obtenir la longueur du module, la hauteur de l'ordre étant donnée, il faut la diviser en 79 parties égales; 6 de ses parties donneront le module, que l'on divisera en 30 parties, appelées minutes.

588. Les axes des colonnes sont espacés de 4 modules 10 minutes.

PLANCHE QUATRE-VINGT-DIX-HUITIÈME.

PROPORTIONS GÉNÉRALES

DES CROISÉES ET DES PORTES.

589. La proportion des croisées et des portes dépend de l'usage auquel les unes et les autres sont destinées.

590. La croisée *fig.* 1re est en demi-cintre : cette forme est souvent employée pour les magasins, les écuries et, en général, pour toutes les pièces où les jours du bas sont inutiles.

591. La croisée *fig.* 2me est en cercle parfait ; on la nomme *œil de bœuf* ; celle de la *fig.* 4me, qui est de forme carrée, se nomme *mezzanine* ; l'une et l'autre sont propres aux entresols.

592. La croisée *fig.* 3me, dont la baie a $1/5$ de moins en hauteur qu'en largeur, est propre aux lieux où l'on tire les jours par les soubassements.

593. La croisée *fig.* 5me, dont la baie a $1/2$ de plus en hauteur qu'en largeur, est employée dans les maisons ordinaires.

594. La croisée *fig.* 6me a deux fois la largeur de sa baie en hauteur ; elle est employée dans les grands bâtiments.

595. Les *chambranles* de toutes ces croisées ont, en largeur, $1/6$ de la largeur de leurs baies.

596. On appelle *chambranle* les cadres de pierre ou de bois qui soutiennent ou décorent l'ouverture d'une porte ou d'une croisée ; sa largeur ordinaire est le $1/5$ ou le $1/6$ de la longueur de la baie, selon que l'ordonnance est toscane ou dorique, ionique ou corinthienne ; la saillie du chambranle est ordinairement égale au $1/6$ de sa largeur ; le profil des moulures, dont il est orné,

est ordinairement semblable à celui de l'architrave de l'ordre qui décore l'ordonnance.

597. Pour déterminer la hauteur des différentes moulures dont sont ornés les chambranles indiqués sur cette planche, il faut diviser leur largeur en parties semblables à celles qu'indiquent les cotes placées en regard de chaque figure; les fractions qui composent ces cotes ont pour unité la largeur du chambranle; ainsi, à la *fig.* 5me, par exemple, on lit le $1/4$, les $5/12$, le $1/3$ du chambranle. *La même observation est applicable aux autres figures.*

598. Les *fig.* 7me et 8me peuvent être employées comme portes ou comme croisées; elles ont, ainsi que la *fig.* 6me, deux fois la largeur de leurs baies en hauteur; le chambranle, la frise et la corniche de l'une et de l'autre ont également $1/6$ de leurs baies. Pour obtenir les proportions de chacune des consoles dont la *fig.* 8me est ornée, il faut diviser le chambranle en deux parties égales, et porter l'une de ces parties de chaque côté, au dehors du chambranle, ce qui donnera la largeur desdites consoles; quant à la longueur, elle doit tomber au niveau du dessous du linteau de la

porte. La console est appliquée à un arrière-corps de même largeur qui se prolonge parallèlement au chambranle et forme ce qu'on appelle le contre-chambranle; la frise, vue de face, s'aligne sur la face avec le dehors du chambranle, mais vue de profil, elle doit tomber aplomb sur l'arête qui sépare le chambranle d'avec le tableau de baie; la saillie de la corniche, sur le nu de la frise, est égale à sa hauteur.

599. La *fig.* 9me présente une porte ou une croisée ajustée avec des colonnes (*ou des pilastres*), un entablement, et couronnée par un fronton : cette ordonnance est soumise à deux sortes de règles, les unes spéciales et les autres relatives à l'ordre qui la décore. L'ouverture de la baie a, en hauteur, deux fois sa largeur.

600. Pour obtenir les proportions des différentes parties qui décorent cette figure, il faut 1° diviser la largeur de la baie en six parties égales, et en porter une au dehors, de chaque côté, pour obtenir la distance du fût des colonnes au tableau; 2° porter ensuite la même partie au-dessus du linteau; puis, de ce point jusqu'au sol de la porte, diviser la hauteur en diamètres propor-

tionnés à l'ordre dont on voudra la décorer (*voir numéros 9 à 14 et 162*); 3° diviser cette même hauteur, d'abord en quatre parties égales, et en porter une au-dessus; rediviser cette même hauteur en cinq parties égales et en porter également une au-dessus : la moitié de la différence de la quatrième à la cinquième partie, ajoutée à cette cinquième partie, donnera la hauteur de l'entablement; cette manière de procéder se nomme la proportion entre le $1/4$ et le $1/5$ (*a*); 4° diviser la hauteur de l'entablement en cinq parties égales, dont deux seront pour la hauteur de la corniche, et les trois autres divisées en deux, donneront, l'une la hauteur de la frise, et l'autre celle de l'architrave (*b*). La saillie de la corniche sur le nu de la frise (*qui doit être aplomb du nu de la partie supérieure du fût*), doit être égale à sa hauteur. Pour

---

(*a*) On peut suivre la proportion qu'on vient d'indiquer pour ces sortes d'ajustement; ou bien celle de l'un des ordres qu'on aurait adopté, qui est toujours un peu plus au-dessus ou en dessous.

(*b*) Pour les profils et les détails, voir l'un des ordres pour lequel on se serait déterminé.

déterminer la hauteur du fronton, voir la planche 5ᵐᵉ *(atlas* 1ʳᵉ *livraison).*

601. Si l'on voulait ajouter un chambranle à la porte, au lieu de diviser la largeur de la baie en six parties égales, il faudrait la diviser en quatre, et en porter aussi une de chaque côté et au-dessus du linteau; pour avoir la largeur du chambranle, il faut également prendre le $^1/_6$ de la largeur de la baie (595). Pour le reste, voir le numéro 600.

602. On pourrait, en observant les proportions données pour cette porte ou croisée, au lieu du fronton qui couronne la corniche, élever immédiatement au-dessus un appui ou balustrade pour servir de balcon.

45ᵐᵉ PROBLÈME.

603. Une croisée en demi-cintre et une croisée en œil de bœuf ont chacune 1ᵐ 38 pour l'ouverture de leurs baies; dites quelle est la largeur du chambranle de chacune d'elles.

DES CROISÉES ET DES PORTES.   319

Solution.

604. Le chambranle de ces croisées devant être le $1/6$ de l'ouverture de la baie, il faut diviser l'ouverture donnée par 6 (595).

1^m 38 : 6 = 0^m 23^c largeur du chambranle.

46me PROBLÈME.

605. Une croisée en soubassement a 0^m 90 de hauteur; quelle est 1° sa largeur; 2° la largeur du chambranle qui la décore?

Solution.

606. Les croisées en soubassement ayant $1/2$ de plus en largeur qu'en hauteur, il faut diviser la hauteur connue par 2; puis multiplier le quotient par 3 et l'on aura la largeur de la croisée; pour obtenir la largeur du chambranle, il faut diviser celle de la baie par 6 (595).

0^m 90 : 2 = 0^m 45 × 3 = 1^m 35^c, largeur de la croisée en soubassement.

1^m 35 : 6 = 0^m 225^m, largeur du chambranle.

47me PROBLÈME.

607. Une croisée carrée ou mezzanine est décorée d'un chambranle de 0^m 28 de largeur, quelle est la dimension de sa baie ?

Solution.

608. La largeur du chambranle étant ordinairement le $^1/_6$ de la baie, on obtiendra celle-ci en multipliant la largeur donnée par 6.

0^m 28 × 6 = 1^m, 68^c dimension de la baie.

48me PROBLÈME.

609. La hauteur d'une croisée de maison ordinaire est de 2^m 34, compris le chambranle; dites 1° quelle est la largeur du chambranle; 2° celle de la baie.

Solution.

610. Les croisées de maison ordinaire ayant une fois et $1/2$ la largeur de la baie pour leur hauteur (593) et le chambranle étant le $1/6$ de cette largeur, il faut diviser la hauteur donnée par 9 ; le quotient donnera la largeur du chambranle et ce même quotient, multiplié par 6, donnera celle de la baie.

$2^m 34 : 9 = 0^m 26^c$, largeur du chambranle.
$0^m 26 \times 6 = 1^m 56^c$, largeur de la baie.

49ᵐᵉ PROBLÈME.

611. Une croisée de bâtiment a $1^m 26$ de largeur : quelle est 1° sa hauteur ; 2° la largeur de son chambranle ?

Solution.

612. Pour résoudre ce problème, il faut multiplier la largeur donnée par 2, pour obtenir la hauteur de la croisée (594), et diviser cette même largeur par 6, pour avoir la largeur du chambranle.

1^m 26 × 2 = 2^m 52^c, hauteur de la baie.
1^m 26 : 6 = 0^m 21^c, largeur du chambranle.

50me PROBLÈME.

613. Le chambranle, la frise et la corniche d'une porte ou croisée ont ensemble 0^m 69 de hauteur, prise au-dessus de la baie, dites quelle est la hauteur de cette baie.

Solution.

614. Le chambranle, la frise et la corniche ayant chacun $^1/_6$ de la largeur de la baie, et la baie ayant elle-même, en hauteur, deux fois sa largeur, il faut multiplier la hauteur connue par 4 et le produit donnera la hauteur cherchée.

0^m 69 × 4 = 2^m 76^c, hauteur de la baie.

51ᵐᵉ PROBLÈME.

615. Le chambranle d'une porte ou croisée, à corniche et console, a 0ᵐ 26 de largeur : quelle est 1° la largeur de la baie ; 2° quelle est la largeur du contre-chambranle ; 3° quelle est la longueur des consoles ; 4° enfin, quelle est la hauteur de la frise et de la corniche réunies ?

Solution.

616. Le chambranle étant le $1/6$ de la largeur de la baie, il faut multiplier la largeur du chambranle connu par 6, pour obtenir celle de la baie ; le contre-chambranle ayant en largeur la moitié du chambranle, il faut prendre la moitié de celui-ci pour avoir cette largeur ; la longueur des consoles et la hauteur de la frise et de la corniche réunies étant égales à deux fois la largeur du chambranle, il faut multiplier cette largeur par deux, on aura la longueur de l'un et la hauteur des autres.

0ᵐ 26 × 6 = 1ᵐ 56ᶜ, largeur de la baie.
0ᵐ 26 : 2 = 0ᵐ 13ᶜ, largeur de contre-chambranle.
0ᵐ 26 × 2 = 0ᵐ 52ᶜ, longueur de l'une des consoles et hauteur de la frise et de la corniche réunies.

52ᵐᵉ PROBLÈME.

617. La largeur de la baie d'une porte, ou d'une croisée, ajustée à des colonnes (*ou à des pilastres*), est de 1ᵐ 44 : quel est 1° l'espacement des colonnes ; 2° leur hauteur ; 3° leur diamètre, supposé qu'il s'agisse de l'ordre corinthien ; 4° quelle est la hauteur de l'entablement ; 5° celle de la corniche ; 6° celle de l'architrave ; 7° celle de la frise ?

Solution.

618. Le fût de la colonne étant distant du tableau de la ¹/₆ partie de la largeur de la baie, il faut diviser la largeur donnée par 6 et multiplier le quotient par 8 pour avoir l'espacement des colonnes (600) ; la hauteur des colonnes étant égale à celle de la baie, plus le $1/6$ de sa largeur, il faut multiplier ce $1/6$ par 13 pour obtenir la hauteur métrique des colonnes (600); la hauteur de la colonne corinthienne étant de 10 diamètres (12), il faut diviser la hauteur métrique des colonnes par 10 pour avoir le diamètre; la hauteur de l'entablement étant entre le $1/4$ et le $1/5$ de la colonne, il faut diviser la hauteur métrique de celle-ci, d'abord par 4, ensuite par 5, puis ajouter au second quotient la moitié de la différence : le total sera la hauteur de l'entablement; la corniche ayant en hauteur les $2/5$ de l'entablement, il faut diviser la hauteur métrique de celui-ci par 5 et prendre deux fois le quotient pour obtenir la hauteur de la corniche; pour avoir la hauteur de l'architrave et de la frise, il faut prendre les $3/5$ de l'entablement; lesquels étant divisés par 2, donneront la hauteur de l'un et de l'autre.

$1^m 44 : 6 = 0^m, 24 \times 8 = 1^m 92^c$, espacement des colonnes.
$0^m 24 \times 13 = 3^m 12^c$, hauteur métrique des colonnes.
$3^m 12 : 10 = 0^m 312^m$, diamètre des colonnes.

$3^m 12 : 4 = 0^m 74$, quart de la hauteur de la colonne.

$3^m 12 : 5 = 0^m 624^m$, cinquième de la hauteur de la colonne.

$0^m 780 — 0^m 624 = 0^m 156 : 2 = 0^m, 078^m + 0^m 624 = 0^m 702^m$, hauteur de l'entablement.

$0^m 702 : 5 = 0^m 1404^d \times 2 = 0^m 2808^d$, hauteur de la corniche.

$0^m 1402^d \times 3 = 0,4206^d : 2 = 0^m 2103^d$, hauteur de la frise.

L'architrave a la même hauteur que la frise.

PLANCHE QUATRE-VINGT-DIX-NEUVIÈME.

PROPORTIONS GÉNÉRALES

DES ARCADES.

619. Toutes les arcades ont, en hauteur, deux fois leur largeur; par conséquent le centre du ceintre est une fois et $^1/_2$ la largeur de la baie, au-dessus du sol. L'ajustement des arcades est idéal ou en rapport avec la nature de la construction; on peut les ajuster sur des colonnes ou sur des pilastres isolés. Dans l'ajustement sur colonnes

simples, l'archivolte pose à cru sur le chapiteau, *fig.* 1re, sa largeur est la moitié de la partie supérieure du fût de la colonne. Dans l'ajustement sur colonnes accouplées, on divise la hauteur, à partir du centre de l'archivolte jusqu'au sol, en 8 parties et $^2/_3$; les $^2/_3$ déterminent la hauteur d'une espèce d'architrave sur laquelle repose l'archivolte, les huit parties déterminent la hauteur des colonnes, que l'on divise en diamètres proportionnés à l'ordre que l'on veut adopter. La largeur de l'archivolte est la même que celle de la partie supérieure du fût au-dessus de laquelle elle tombe aplomb de chaque côté. L'espacement des colonnes accouplées n'est que la moitié de celui des colonnes qui déterminent l'ouverture de l'arcade.

620. Quand les arcades ne sont pas appuyées sur des colonnes, l'ajustement doit être fait sur des pieds-droits qui ont pour largeur, soit la moitié de l'ouverture de l'arcade, soit l'ouverture même de l'arcade, soit une fois et $^1/_2$ cette même ouverture.

621. La largeur de l'archivolte de la *fig.* 3me est le $^1/_4$ de la largeur du pied-droit; cette archivolte repose sur une espèce d'architrave qui a

pour hauteur la $1/_{12}$ partie de la hauteur du pied-droit.

622. La largeur de l'archivolte de la *fig.* 4me est le $1/_5$ de la largeur du pied-droit; l'ouverture de la croisée, ainsi que l'œil-de-bœuf, sont également le $1/_5$ de la largeur du pied-droit. L'archivolte repose sur une espèce d'architrave qui a, en hauteur, la $1/_{15}$ partie de la hauteur du pied-droit.

623. Les *fig.* 5 et 6 représentent des arcades sur pieds-droits, qui ont, en largeur, la moitié de l'ouverture de la baie et sont ornés de bossages différents : le cintre de l'arcade repose sur un bandeau qui a, en hauteur, la $1/_{12}$ partie de celle du pied-droit, moins la largeur du refend.

624. La *fig.* 7me représente une arcade sur pied-droit ayant, en largeur, 1 fois $1/_5$ la largeur de la baie; la porte et la mezzanine qui sont au milieu ont, pour baie, le $1/_5$ de la largeur du pied-droit; le cintre des arcades repose sur un bandeau qui a, en hauteur, la $1/_{12}$ partie de celle du pied-droit.

53ᵐᵉ **PROBLÈME.**

625. La hauteur de la baie d'une arcade sur colonnes simples, est de $2^m 16$: dites 1º quelle est la hauteur des colonnes; 2º la largeur de l'architrave; 3º l'espacement de leurs axes, les colonnes étant supposées de l'ordre ionique.

Solution.

526. Les colonnes ayant en hauteur les $^3/_4$ de celle de la baie, il faut diviser la hauteur donnée par 4; le quotient répété trois fois, donnera celle des colonnes; pour obtenir la largeur de l'archivolte, il faut d'abord diviser la hauteur de la colonne par 18 (11), puis rediviser le quotient obtenu par 18, pour avoir la longueur d'une minute (8), que l'on multipliera par 15 (14), pour obtenir le $^1/_2$ diamètre supérieur de la colonne *qui a la même dimension que l'archivolte;* ensuite on multipliera le $^1/_2$ diamètre obtenu par 2; puis on ajoutera ce produit à la moitié de la hauteur de la baie, et l'on aura l'espacement des axes (619).

2ᵐ 16 : 4 = 0 ᵐ 54 × 3 = 1 ᵐ 62ᵃ, hauteur des colonnes.

1 ᵐ 62 : 18 = 0ᵐ 9 : 18 = 0ᵐ, 005 × 15 = 0 ᵐ 075, largeur de l'archivolte.

0, 075 × 2 = 0 ᵐ 150. 2 ᵐ 16 : 2 = 1 ᵐ 08 + 0 ᵐ 150 = 1 ᵐ 23, espacement des axes des colonnes.

54ᵐᵉ PROBLÈME.

627. La baie d'une arcade, sur colonnes accouplées, a $1^m 30$ de largeur : quelle est 1° la hauteur de l'architrave ; 2° celle des colonnes ; 3° l'espacement des axes des colonnes accouplées que l'on suppose de l'ordre corinthien.

Solution.

628. Pour obtenir la hauteur de l'architrave et des colonnes, il faut diviser la largeur de la baie par 2 et multiplier le quotient par 3 ; le produit donnera la hauteur de la colonne et de l'architrave réunies ; diviser ensuite cette hauteur par 26, multiplier le quotient par 2, pour obtenir la hauteur de l'architrave, et par 24 pour obtenir celle des colonnes (619). Pour obtenir l'espacement des axes des colonnes accouplées, il faut diviser la hauteur de ces colonnes par 20, pour obtenir le module, et par 18 pour obtenir la longueur d'une minute (8), que l'on multipliera par 15 pour avoir le $^1/_2$ diamètre supérieur de la colonne (14) ; lequel étant ajouté à la moitié de la largeur de la baie, donnera l'espacement des axes dont il s'agit (619).

$1^m\ 30 : 2 = 0^m\ 65 \times 3 = 1^m\ 95 : 26 = 0^m, 075 \times 2 = 0^m\ 15^c$, hauteur de l'architrave.

$0^m\ 075 \times 24 = 1^m\ 80^c$, hauteur des colonnes.

$1^m\ 80 : 20 = 0^m\ 09 : 18 = 0^m\ 005 \times 15 = 0^m, 075.\ 1^m\ 30 : 2 = 0^m, 65 + 0^m, 075 = 0^m, 725$, espacement des axes des colonnes accouplées.

FIN.

ERRATA.

3me planche préliminaire, à la saillie de la baguette, fig. 6me, au lieu de $^1/_2$ min. lisez $^3/_4$ de min.

Pl. 9me. Au plan de la seconde rangée de colonnes, au lieu de 2 mod., 3 min. $^1/_2$, lisez 3 mod. 1 min. $^1/_2$.

Pl. 17me. Au canal du triglyphe, au lieu de $^1/_2$ min., lisez $^1/_3$ de min.

Pl. 25me. Dans la partie inférieure du pied-droit aux cotes partielles, au lieu de 9 min., lisez 8 min. $^1/_2$ et à la cote générale, au lieu de 10 min. $^3/_4$, lisez 10 min. $^1/_4$.

Pl. 36me. La ligne qui détermine le congé, dans la partie supérieure du fût, doit être ponctuée.

Pl. 39me. Les parties de chapiteau de la fig. 2e et 3e doivent être dessinées de profil, comme à la planche 38me.

Pl. 41me. Pour le talon et le listel qui couronnent le larmier de la corniche, au lieu de 2 min. lisez 2 min. $^1/_2$; dans la partie inférieure du fût, au lieu de 10 mod. 6 min., lisez 10 mod. 5 min. $^1/_2$, et pour l'espacement des axes des colonnes, au lieu de 5 mod. 13 min. $^1/_2$, lisez 5 mod. 12 min.

Pl. 42me. Dans la partie inférieure du fût, au lieu de 8 mod. 6 min. lisez 8 mod. et au lieu de 8 mod. 2 min. $^1/_2$, lisez 7 mod. 14 min. $^1/_2$; dans la partie supérieure du fût, au lieu de 7 mod., lisez 7 mod. 6 min., et au lieu de 6 mod. 13 min., lisez 7 mod. 1 min.; pour l'espacement des axes des colonnes, au lieu de 15 mod., lisez 14 mod. 12 min.; pour l'espacement des pieds-droits, au lieu de 11 mod., lisez 10 mod. 12 min., et dans la partie inférieure de l'arcade, au lieu de 5 mod. 9 min., lisez 5 mod. 6 min.

Pl. 48me. Dans la hauteur du socle, au lieu de 5 mod. 1 min. $^3/_4$, lisez 5 mod. 1 min. $^1/_2$, dans la hauteur de la corniche, au lieu de 14 minutes, lisez 14 min. $^1/_4$, et au-dessous du plan du plafond de la corniche, au lieu de A, B, lisez C', D'.

Pl. 49me A la saillie du quart de rond du tailloir, au lieu de 2 min. lisez 3 min.

Pl. 50me Dans la saillie du listel qui couronne l'architrave, au lieu de $^1/_2$ min. lisez $^1/_4$.

Pl. 51me. Dans la base du piédestal, au congé, au lieu de 1 min. $^1/_4$, lisez 1 min. $^1/_2$.

Pl. 52me. Dans la saillie du listel qui couronne l'architrave, au lieu de $^1/_2$ min, lisez $^1/_4$, et à la cote totale qui est au-dessous de ce même listel, au lieu de 5 min. $^1/_4$, lisez 5 min.

Pl. 53me. Dans la campane, au lieu de 1 mod. 6 min., lisez 1 mod. 16 min. et dans le plan, au lieu de 4 mod., lisez 3 mod.

Pl. 54me. Dans le plan du chapiteau, au diamètre des tigettes, au lieu de 2 min, lisez 2 min $^1/_2$.

Pl. 67me. Dans la corniche du piédestal, au listel qui la couronne, au lieu de $^1/_3$, lisez $^2/_3$.

Pl. 69me. Dans la saillie de l'architrave, au lieu de 3 min., lisez 2 min. $^3/_4$ et au lieu de $^1/_2$ min. lisez $^1/_4$.

ERRATA.

Pl. 70me. Dans la saillie de la corniche, au lieu de 4 min. $^1/_2$, lisez 5 min. et dans la base de la colonne, au lieu de 1 mod. 5 min., lisez 1 mod. 7 min.

Pl. 71me. Dans la partie inférieure du fût, au lieu de 11 mod. 6 min., lisez 11 mod. 9 min. et au lieu de 11 mod. 1 min. lisez 11 mod. 4 min. ; dans la partie supérieure du fût, au lieu de 4 mod. 6 min. lisez 4 mod. 3 min. et au lieu de 4 mod. 1 min. lisez 3 mod. 16 min.

Pl. 72me. Dans la partie inférieure du fût, au lieu de 10 mod. $^1/_2$ min, lisez 10 mod. 1 min $^1/_2$ et au lieu de 9 mod. 15 min., lisez 9 mod. 16 min.

Pl. 79me. A la saillie du talon supérieur de la corniche, au lieu de $^3/_4$ de min. lisez 1 min $^3/_4$; pour la hauteur du larmier, au lieu de 3 min. $^1/_2$, lisez 3 min., et pour celle de la mouchette, au lieu de 1 min. $^1/_2$, lisez 2 min.

Pl. 85me. Dans l'architrave; pour la hauteur du talon, au lieu de 1 min. $^1/_2$, lisez 2 min.; dans la corniche, pour la hauteur du listel qui est au-dessus du grand talon, au lieu de $^1/_2$ min., lisez 1 min.; pour la saillie du listel qui est au-dessous des denticules, au lieu de $^1/_2$ min. lisez 1 min.; et pour la saillie du listel qui est au-dessus du petit talon, au lieu de $^3/_4$ de min., lisez $^1/_2$ min.

Pl. 87me. Dans la partie inférieure du fût, au lieu de 11 mod. 6 min. lisez 11 mod. 9 min. et au lieu de 11 mod. $^3/_4$ de min., lisez 11 mod. 2 min. $^3/_4$; dans la partie supérieure du fût, au lieu de 4 mod. 6 min., lisez 4 mod. 3 min. et au lieu de 4 mod. 1 min., lizez 3 mod. 16 min. ; et dans l'espacement de l'arcade, au lieu de 4 mod. 9 min. lisez 9 mod.

Pl. 88me. Au congé de la partie inférieure du fût, au lieu de 3 min. lisez 2 min., et dans l'espacement de l'arcade, au lieu de 3 mod., lisez 6 mod.

Pl. 93me. Pour la hauteur du pied-droit, au lieu de 19 mod. 2 min., lisez 19 mod. 24 min. $^1/_4$.

Paris. Imp. de P. MARC-AUREL, rue Richer, 12.

www.ingramcontent.com/pod-product-compliance
Lightning Source LLC
Chambersburg PA
CBHW060612170426
43201CB00009B/995